SIX THINKING HATS

6頂思考帽

增進思考成效的6種魔法

Edward de Bono◎著　　　劉慧玉◎譯

目次

前言

思考成效真有辦法改善嗎？

一九八五年一月《時代》雜誌選出的「年度風雲人物」，是讓洛杉磯奧運獲空前成功之幕後推手：彼得・尤伯羅斯（Peter Ueberroth）。一般而言，舉辦奧運即意謂蝕本數百萬美金。一開始洛城便打定主意不花半分公帑於此賽事，而一九八四年奧運活動結束，不僅沒虧還淨賺二點五億美元。有此驚人成果，主要在於有別以往的觀念與構想，佐以傑出的領導與執行效率。

什麼樣的思考，才能產生這類新觀念？

一九八四年九月三十號的《華盛頓郵報》有一篇尤伯羅斯的人物專訪。他談到自己如何運用水平思考獲致新觀念。水平思考是我多年前發展出的一項技巧，之後也以此為主題寫了幾本書。九年前，青年總裁協會（Young Presidents' Organisation）舉辦的研討會邀我演說此題，彼得恰好在座。

思考技法能導致何種驚人成果，類似例子不勝枚舉。

我所做的只是發想出技巧。能懂得善用，就要靠尤伯羅斯先生這種人。

思考是人類最根本的資源，我們卻絕不能對這項重要技能自滿。無論到達何種成就，我們永遠都要追求更好。一般而言，只有不懂思考的人，才會滿足於自己的思考技能，以為思考純粹為了證明自己的論點──滿足自己而已。假如這就是我們對思考的期待，的確很容易陷入坐井觀天的自大。

思考最大障礙來自混亂。我們總想面面俱到，感情、資訊、邏輯、希望、創造力，整個鋪天蓋地而來。就像要同時拋耍好幾顆球一樣。

我在此書介紹的概念非常簡單，思考者可由此學會一次只做一件事：將情感從邏輯中離析，將創造力從資訊中獨立，諸如此類。六頂思考帽的精神就是這樣。戴上任何一頂，就標誌了某種特定思考。我在書中將一一介紹各種思考的性質及貢獻。

經由六頂思考帽，我們就能像樂團指揮般地指揮自己的思考，隨心所欲叫出所需。同理，在任何會議場合若能讓大家跳脫慣性思維，從不同角度考慮問題，效果將十分驚人。

就是如此純然的方便好用，凸顯出六頂思考帽的價值。

第1章

扮演
假扮成沉思者
你即變身其人

　　我是這麼相信的：羅丹《沉思者》（*The Thinker*）的兩座原始作品之一，就放在布宜諾斯艾利斯國會大樓前的廣場。至少，當時那位導遊指著那忙於思考而陷入不朽的銅雕時，是這麼告訴我的。

　　就事實面看，這裡面存有不少漏洞。那可能根本不是原始作品；當初根本沒兩個原創雕塑；我那位導遊恐怕一直都弄錯了；也許不是擺在國會大樓廣場；也許根本是我記錯了。那我幹嘛把一件沒搞清楚的事兒當作事實？有幾個原因。

　　其一，是我稍後將特別深究的所謂事實之作用。其二，是挑戰那看重事實甚於用途的人。其三，我想激起讀者腦海對那著名沉思者身影的想像，他在哪兒壓根不重要。真正原因是此書寫成於一趟由倫敦飛往吉隆坡的旅途中。無論如何，我有用「我相信」三個字，那指出了我是

如此相信，事實則不盡如此。我們往往得指出我們陳述事情的前提。那就是本書要旨。

　　我要你想像一下羅丹那個常被借用——甚至被濫用——的「沉思者」的畫面。我要你想像那單手支頤的姿態，那似乎是任何人陷入思考時會有的模樣。實際上，我以為思考應該是活躍積極，而非那麼嚴肅陰沉。但總之，那幅傳統身影此刻是有用的。

　　把你自己擺進那個姿態裡——肢體上確實擺出來，不是光靠想像——你就變成一名思考者。怎麼說呢？因為當你假扮成思考者時，你就融入了那個角色。

　　西藏人祈禱是邊轉經輪邊誦經文，隨著經輪迴旋，祈禱人進入聖域。如果經輪夠穩，你幾乎可以像馬戲團裡長竿頂盤那樣，同時讓十幾個經輪轉動。也許，西藏人邊轉經邊想著家務事兒是無妨的；情緒面或精神面如何不打緊，重點在你做祈禱這件事。這跟很多基督徒不一樣，但有一點，這兩者看法就比較類似：即便感受不深，照樣祈禱；假以時日，情感會跟上動作的。我請你扮成思考者，就是這個用意。

　　模仿沉思者的姿態吧。讓肢體經歷那些動作吧。讓動機影響你，影響周遭所有人。很快，大腦會跟上你所扮演的角色。如果你扮演一名思考者，你真的就會變成思考者。而這本書，將提供幾種不同的角色讓你去扮演。

第 2 章
戴上某一頂帽子
十足刻意的過程

所有攝於四十年前（譯註：此書於一九八五問世）的團體照，最惹眼就在每個人都有戴帽子。報章照片，早期電影，在在印證帽子當時無可抵禦的風靡勢力。

時至今日帽子成了少數，男性身上更為少見。帽子似乎成了某種身分象徵。制服包括帽子，而制服本身描繪了特定角色。

一個對著家人發號施令的大男人，我們可能形容他正戴著他那頂「一家之主帽」或「老爺帽」。一位女性主管也許藉著形容自己是戴著「老闆帽」或「主婦帽」而出入兩種身分。前英國首相柴契爾夫人偶爾會說，自己把家庭主婦的謹慎節省帶進了政府的管理風格中。

所謂思考帽也就是這麼回事兒。

……我得戴上我的思考帽來評估你提出的新案子，我不確定自己要不要賣那棟房子。

……把你的思考帽戴上，明天打電話給我。

……這樣發展下去很危險。咱們大家得戴上思考帽，看該怎麼脫身。

在我的想像中，思考帽很像懸著綴飾的軟帽，跟笨蛋高帽（譯註：舊時學校處罰學生所戴的圓錐形紙帽）頗接近，但沒有那愚蠢的驕慢。

人們要不就自願戴上思考帽，要不就請別人那麼做。

很肯定的一點：把帽子戴上，這動作絕對是刻意的。

昔日你看保母一戴上帽子，不囉唆，她——當然還有孩子——肯定準備出門。這是最後信號。警察一戴上帽子，責任義務即有了明確畫分。跟戴著帽子的士兵對照，那沒戴帽的怎麼看就是不夠有精神。

很遺憾，市面找不到真正的思考帽。丹麥跟德國有種學生帽，算是學者帽；但學術跟思考卻是兩碼子事。學者老忙著思索別人思考出來的東西，自己根本沒工夫好好兒思考。

試想一頂真正思考帽的用處。

……別煩我。沒看見我正在思考嗎？

……我要先中斷這討論，讓大夥兒把思考帽給戴上，好針對這議題深入思索思索。

……現在我要各位想想這件事。我要看你們先戴上思考帽。

……我要大家重新思考這個方案。請再度戴上你的思

考帽。

　　⋯⋯你付錢請我思考，所以我正在這裡動腦筋。你付的錢愈多，我想法會愈好。

　　⋯⋯你能不能用點心？剛才到現在你的反應根本是不經大腦。把思考帽給戴上吧。

　　⋯⋯思考，絕非不起而行的藉口，而是為了找出更好的行動。大夥兒，咱們努力找吧。

　　要能真正思考而不光是反應，得要讓心境進入平靜與超然的狀態；想像自己戴上思考帽，則能使你的心境轉換過去。認真的思考者也許可以每天撥五分鐘，專注地戴上思考帽。就看你是相信思考將能有所得，還是跟著人家想法走就好。

　　我要把焦點集中在這事兒上：刻意的思考。談思考帽無非為了它。我們刻意地戴上思考帽。

　　有一種思考方式隨著走路談話呼吸進行，從不停止。接電話，過馬路，我們在慣性中自動切換，毋須意識走路先舉哪隻腳或該怎麼呼吸。這種不斷電自動思考一直上演。但有另一種思考，相對非常刻意而集中。自動思考乃慣性因應，刻意思考就不只於此。任何人都能跑，而運動員卻跑得刻意，還為此受訓。

　　即便我們有心從慣性的因應思考切換到刻意思考模式，卻很難有效提醒自己。於是，這思考帽就成了一種確

切信號。

　　且讓我們比較一下上述兩類思考：因應的、刻意的。

　　當你在開車，你必須選擇走哪條路，跟隨路標，小心避開車流。上個瞬間與下個瞬間接續成一連串活動；你留意各式訊號，隨時回應。這是反應式思考。邊走邊講邊呼吸的思考方式就跟開車上路很像，依信號做出判斷，但並不製作地圖。

　　另一種思考方式就得畫地圖了。你探索主題，製作地圖，客觀而中立。為此，你必須極目眺望。這跟被動反應任何訊號截然不同。

　　下列例子可呈現這種對比。

　　想像你準備打贏一場辯論。你攤開立場，列舉各方有利論證。對手講話時，你凝神諦聽以找出漏洞加以攻擊。每一刻不是攻擊就是備戰，雙方皆隨對手出招拆招。

　　再看看一個製作地圖的過程。

　　我在很多學校開設一門叫CoRT（Cognitive Research Trust，認知研究基金）的思考教育課程，目前為各國幾百萬所學校所採用。第一堂課叫PMI。面對狀況，學生先不回應，而是製作一個簡單地圖；首先往「正面」（Plus）看，記錄所見，再看「負面」（Minus），最後檢視「有趣面」（Interesting，那些不屬於正面或負面，但值得寫下的東西）。地圖至此完成。思考者可據以選擇路徑。

一個女孩兒說得好：「我本來以為做這 PMI 很假也很蠢；我怎麼想的，自己還不清楚嗎？可是等做完 PMI，我發現自己的想法居然隨著我寫下的東西改變了。」

　　這是在引導注意力，有方法地引導。

　　澳洲雪梨，一班三十個男生一致投票贊成拿五元獎勵上學。做了 PMI，老師什麼都沒說，二十九個男生自動改變主意，認為那並不划算。

　　一位商人跟某大石油公司數月來爭執不下，最後他建議下次開會時做 PMI。事後他告訴我，所有問題在二十分鐘內化解。當「地圖」攤開，大家就知道該怎麼選擇了。

　　一名婦女打算從加州移居亞利桑納，規畫了兩年，最後跟兩個兒子一起做了 PMI。簡短一則練習，她取消了整個計畫。

　　世上最厲害的發明家之一，保羅・麥可雷迪（Paul MacCready，人力飛機發明者）曾碰到官僚麻煩。他兒子建議他做一下 PMI，做完他即找出解決辦法。

　　製圖式思考需要某種程度的跳脫，邊走邊講邊呼吸的思考則否。實際上，後者只有在需要反應的時候才能發揮作用。所以，若以為批判性思考即完整思考形式，可謂大錯也。有人扭曲古希臘思考大師，聲稱思考由對話與辯論得出，此說荒誕至極，並對西方思考造成頗多傷害。

　　西方這種習於爭辯之所以不理想，是因為難以產生創

見。若眼前有東西可說，批判性思考的確派得上用場；若想靠它憑空提出建議，難矣。

學生只關心該怎麼做出反應，像是對教科書、老師評語、電視影集等等。而一旦脫離學校，生活就不再只是回應，你必須自己發想，要能計畫與行動。而這些都不是因應式思考所能解決的。

為了談這「行動思考」，我創造了一個名詞：operacy，是一種行動技巧——以及與之呼應的思考。會用這個字是因為發音近似 literacy（識字）跟 numeracy（識數）；我堅決以為，基礎教育除了教學生認識文字跟數字，也必須涵蓋 operacy。CoRT 思考課程就是以 operacy 思考為主，學習宗旨包括：設定目標、評估選項、歸納結論等等。

要能不光只對事情做出反應，我們就得學會如何引導注意力。CoRT 有諸多方法，PMI 即為其一，而這本書裡我們則要談另一種途徑。

當我們印製一份彩色地圖，色彩是一一循序印製的。上了第一種顏色之後，第二個顏色蓋過去，如此這般，直到完成全彩地圖。

此書所談的六頂思考帽，就像印製彩色地圖的各種顏色。我準備拿來引導注意力的方法，就是這個。換言之，你不只要戴起思考帽，你還必須選擇，要戴上哪個顏色的思考帽。

第3章

企圖與表現

　　太多人搞不清企圖與表現之別，所以我要再做個區分。

　　之前我講過，如果你表現出思考者的動作——像是戴上思考帽——你終將會成為一名思考者。思想，會跟上表現。扮演，終將成真。

　　乍聽之下，我好像是說，只要你有成為思考者的企圖，自然會出現相應作為。

　　很多人馬上要跳出來指陳這說法如何謬誤了，讓我自己來吧。假如你有心成為舉重好手，僅此意圖，就足以舉起幾十公斤重嗎？假如你有心成為棋士，就能下棋有如神助嗎？不然，因為以這些例子而言，我們期待的是非常傑出的表現。

　　但如果你想成為廚師，並走過該有的過程，你的廚藝至少差強人意。天分不夠，很難變成埃斯科菲耶（Escoffier，法國名廚），但比起無此興趣也無此準備者，你絕對能成為像樣得多的廚師。

請留意：僅有企圖並不夠，你還必須採取行動。藏人不能光是想要祈禱，他得轉動經輪。

自以為是思考者，絕對無以成為思考者；實際上那跟我講的完全相反。假如你當自己是懂得思考的人，大概就不會再採取任何努力──因為你洋洋自得於已有的技巧。

有一回，我請一群教育程度頗高（碩士學歷）的美國人，以一到十分評估自己的思考能力。結果令我大為驚訝：平均八分。換言之，他們對思考的認知範疇如此狹隘，以致以為自己的思考能力近乎完美。仁慈一點想，也許他們多半誤解了我的問題。他們知道自己在學校向來高居前百分之十，回答這比較性的題目時，已經稍微自謙了一番。我想問的當然是絕對性的自評，而人們卻如此自滿於其思考能力──因為他們無法想像改善空間何等遼闊。

正因稀有，企圖成為思考者遂顯得極其重要。我從沒碰過真心希望變成思考家的人。上一段解釋了部分原因，此外，成為一名思考者的企圖，暗示了自己不懂思考。人類在幾個方面總是高度自我肯定的：幽默感、性能力、思考。

當馬恰多博士（Dr. Luis Alberto Machado）爭取成為委內瑞拉政府智力推展部長時，人們幾乎笑掉大牙，馬恰

多仍奮力堅持，努力有了代價：十萬六千名教員接受了CoRT思考課程訓練；委內瑞拉法律規定，所有孩童每週須上兩小時開發思考技巧的課。有些課程就是叫做「思考」；學生曉得，師長曉得，家長也曉得。

學童們實際獲得的思考能力很重要，而更重要的，則是發展思考能力這項觀念。學童的自我形象往往建立在「聰明」與否，而那又取決於他人緣如何、是否受老師喜愛。這種智力概念其實是價值概念，就像身材高矮、美麗平凡，不是你能決定的。

是不是思考者，則是截然不同的自我形象了。這是一種操作技能，每個人都能夠自己掌控。你有辦法變成優秀的足球員或廚師，一樣有辦法成為厲害的思考者。委國孩子知道如何思考一件事，也知道自己有能力想出辦法。他們懂得運用CoRT架構。

本書描述的思考帽，正是強化成為思考者企圖心的一種方法。

作為思考者，不代表總是對的，實際上，永遠對的人八成不懂思考（因為傲慢、無意探索、容不下其他可能性等等）。思考者也不見得聰明，不見得能解開別人期待你解開的問題。成為思考者，必須要有意識地有心成為思考者。這比成為高爾夫或網球好手、或當個音樂家簡單多了，至少不用準備那麼多器材。

所以，企圖是第一要件。說來簡單，卻也頗難，就像坐禪，寫來容易做來難。因此我們得有比較具體的架構——六頂思考帽。

　　這會兒我們可以開始談談表現層面了。緊皺的眉頭，手撐著下巴，真能產生什麼改變嗎？答案是：有心如此的話，會；天生的話，不會。令人驚奇的是，從生理學看，確實可能有用。有證據顯示，我們一旦微笑，生理即產生變化，心情隨之轉好，怒氣減緩不少。廣告裡堆出笑容的模特兒讓觀眾難以抗拒，效果跟真的一樣。戴上面具，內在轉化隨之而來。

　　更基本來看，當你有心聽人家說話，你就多少會花點時間聆聽——思慮因而比較周延。如果你故意皺眉沉思，你大概要等到眉頭舒展了才會做出決定，那時的決定應該比較可靠。學過思考的火爆小子會比較收斂，因為他知道，除了馬上暴力相向，還有其他選擇。

　　六頂思考帽，可具體將企圖轉化為表現。

第4章

角色扮演
讓自我去度假

　　只要人們明白自己在演戲，即使「扮傻瓜」都不介意，甚至還因為把個超級白癡演活了而沾沾自喜。那是一種成就感與優異感。角色在上，自我暫退一旁負責舞台總監。

　　禪宗討論的一個問題是：當自我愈是努力「跳出我執」，就愈因那番「努力」而現形。演員有一種是整個拋掉自我而進入所演角色的另一個自我（方法演技）；另一種則在背後指導自己演出。兩種都很好，兩種都讓自我去休假：前者度假到了海外，後者在家休息。

　　假扮另一個角色時，人們可超越平日受約束的自我形象。通常演員個性害羞，在別的角色裡卻獲得自由。要我們承認自己愚蠢、犯錯或別人比較聰明，恐怕不易；扮演某個明確的角色，則讓我們從演技中感到快樂，不致損及自我尊嚴。人們讚賞你的演技，是一種光榮。

若沒躲在某個角色的庇護下，自我便暴露於危機中。慣於負面看待事情的人語出批評時卻要宣稱自己只是在扮黑臉，就是這個道理；他們暗示自己本來並非如此，只是為了大家利益必須挺身而出，致力演好反對派。傳統的黑臉，很像我們稍後將提及的黑色思考帽。但思考角色不止一種，而是六種，每種各由不同的思考帽界定。

假扮思考者是變成一位真正的思考者的重要步驟，但我們可進一步將這角色細分。就像在一齣引人入勝的默劇或電視劇、傳統西部電影中的各種性格人物，或類似日本歌舞伎那些風格明晰的純粹類型。

觀賞一齣默劇，誰都不會弄錯哪個是巫婆；她咯咯怪笑面露猙獰，享受觀眾的噓聲。那是她的角色，她只想全力以赴。其他角色還包括代表善的高貴王子、流露人性的女伯爵。傳統上，王子由女子扮演，男生演出女爵。默劇本就是刻意背離事實，強烈凸顯主題。真實世界的角色只足以描繪本身，默劇角色的設計，則為強調潛在人性，達到娛樂效果。角色刻畫著墨愈深，辨識度愈高。這就是美國電視肥皂劇的成功秘訣，也是《朱門恩怨》（*Dallas*）裡小傑（JR）大受歡迎的原因。

廣泛的思考帽一角，區分為六種不同的性格角色，分別由六種顏色的思考帽表示。

任何時候你皆可選擇要戴上哪一頂，然後扮演那頂帽

子所定義的角色，觀察自己的演出。你盡力把那角色演好，毋須擔心自我；把角色演好，自我也受到鼓舞。

思考帽一換，你的角色就得跟著變。角色之間的差異很明顯，就像默劇中王子跟巫婆的差別。你成為幾種截然不同的思考者——但都頂著同一個腦袋。

這整個都是製圖式思考的一部分。我說了，每種顏色的帽子各自代表製作彩色地圖的不同顏色。最終，所有顏色共同譜出完整地圖。

之後隨即會一一說明這六頂思考帽。每一頂都不同，特色獨具。你要依著它們代表的特性戴上。紅帽截然別於白帽；黃帽跟黑帽成尖銳對比；藍帽又跟綠色帽差之千里。

演喜劇跟悲劇可不一樣。當你穿上小丑戲服，就得好好演個丑角；戴上壞蛋的帽子，就得演個壞蛋。要以投入各個不同角色為榮。

此刻，思考不再出於你的自我，而是發自你所扮演的角色，地圖將如是完成。最終，自我可從其中選擇一條最適合的道路。

第5章

大腦的運作模式

　　這一章是專門寫給那些仍然抱著懷疑態度，認為這什麼六頂思考帽根本胡說八道、對思考能力毫無助益的人。這種人請讀一下這章。其他人如果想略過，也請自便。

　　也許古希臘人說得沒錯：情緒由各種體液所影響。如果你消沉陰鬱，那是因為「黑膽汁」正流貫體內。實際上，英文的憂鬱（melancholy）原本就是那個意思：「黑色膽汁」。所以說，你情緒如何全看這時體內由哪種體液主宰；體液影響情緒，情緒又影響思緒。

　　許多憂鬱的人發現，自己心情低落時所能想到的念頭，截然不同於較愉快時的想法。

　　基於現在對大腦更深入的認知，我們可以更充分地闡釋古希臘所講的體液理論。我們曉得，下視丘化學物質的平衡（神經傳導素）對行為的影響甚鉅。我們知道有腦內啡：一種由大腦釋出、類似嗎啡的化學物質（慢跑者因而

感受「高度歡愉」）。我們知道腦垂體釋出各種複雜的神經胜肽流竄大腦，衍生成各種特殊化學物質，個別影響大腦不同部位。我們懷疑，動物思春就是因為如此（日夜平衡的變化，使腦垂體釋出引動性趣的化學物質）。終有一天我們大概可以明白，腦中——也許還有血液裡——的化學物質究竟如何影響我們的情緒與思緒。

巴夫洛夫（Pavlov）證明了制約可以控制生理反應。受過訓練的動物一接收到某種信號，血壓會隨之起伏。

假以時日，六頂思考帽或許也能贏得制約信號般的地位，刺激大腦特定化學物質，影響我們的思考方式。

我們可以從好幾種角度探討此事，依然獲得一致結論。

若把大腦視為主動資訊系統（active information system），其行為明顯有別於電腦等（如影印機）之被動資料系統。主動系統這個概念，我在《思考探奇：心智的歷程》（The Mechanism of Mind，桂冠出版）曾簡單描述過。該書出版於一九六九年，第五代電腦工程師卻直到現在才對此有所領會，認為自我組織主動系統（self-organizing active system）很重要。

所謂主動系統是說，資訊本身可自行組織，而非被動地等待某種外力處理。

一顆鐵球落在沙盆裡，就那麼停在落點不動。如果是

穿過鐵網格子下去的,就直接落在方格下面不動。這就是被動資訊系統。你把球放哪兒,它就在哪兒。

在另一個盆子裡隨便放個塑膠袋,袋裡裝著黏性很高的油。第一顆球掉下去,會一邊推擠著前方的塑膠表面一邊沉到最底。等它靜止下來,你會看到周遭的袋子壓出一個弧度。第二顆球順著弧度滾下,直到第一顆旁邊。這第二顆是主動的,它沒有停在落下去的位置,而是隨著第一顆球造成的坡度走。實際上,如果繼續下去,所有的球都會滾向第一顆而形成群聚。這就是個簡單的主動表面,可讓所有進來的資訊(鐵球)自行組織。

這些模型非常原始,但足以描繪出被動與主動系統之間的不同。很遺憾,我們的思考多屬於被動系統,因為主動資訊系統根本是另一種天空。

神經網路的運作就像主動自組的資訊系統,要說明這點並非不可能,我寫的《思考探奇》就是在做這件事;而且今天的電腦有模擬書中所提的模型,結果幾乎一如預期。

資訊之所以能組織成某種模式,靠的是神經網路的主動本質;這些模式的組成與使用,則形成認知。若非大腦有能力把資訊組成有意義的模式,我們連過馬路這種小事都無法辦到。

我們的腦袋是高度精密的嚴謹設計。不斷形成模式,

再將這些既有模式應用在未來的可能情境，就是大腦的任務。

而這樣的自行組織系統卻有個天大的缺陷：它被過去的經驗（事件史）所局限。基於這個道理，第五代電腦必須安裝會犯錯的能力，如幽默、情緒，否則根本無法思考。

神經元的接收敏感度與周遭化學物質息息相關，這些物質稍有變化，便促使另一種模式形成。就某種意義而言，在不同的化學組成之下我們等於有不一樣的大腦。

這意謂情緒攸關思考能力，而非只是製造混亂。

有些人總是左右為難，可能就是大腦在不同的化學組成下，各自有了某個決定。兩種選擇都正確——只是要看對哪個情況下的腦子而言。因此他們躊躇不決。

焦慮或憤怒之下我們容易衝動而行，那可能是大腦太少處於這類化學狀況，無從取得複雜的因應模式。由此可說，訓練人們適應這類情緒狀況（如軍隊所做），自有其必要。

所以我們了解了腦部化學變化之重要意涵。一來因為我們對大腦運作認識日多；二來，因為考慮到自行組織主動資訊系統之影響。

那跟六頂思考帽又有什麼關係？

我說過，這些帽子可成為制約機制，可想而知能影響

腦部的化學平衡。整理出各種思考面向也是很要緊的。如果我們照一般狀況思考，要不就試著排除情緒（而情緒則化身為看不見的強烈影響分子），要不就徘徊在理性與感性之間。若說不同的思考模式能影響化學組成，一般的混亂思考根本不能給大腦建立任何模式的機會。

第6章

六頂思考帽的目的

六頂思考帽的首要價值，就在清楚界定了角色扮演。自我防衛乃思考之最大障礙，絕大部分的思考不清即由此造成。有了這些帽子，我們就能在毋須擔憂自我的前提之下暢所欲言。穿上小丑服，我們可盡情把丑角演好。

第二個好處：注意力引導。想避免讓思考淪於被動，我們就得有效地把注意力從某個面向轉移到另一面向去。這六頂帽子就讓我們得以指揮注意力於問題的六個面向。

第三個好處：方便。六頂帽子的象徵，讓我們能很方便地要求某人（包括自己）立刻換檔。我們可以請某人思考壞處或不要只想壞處；我們可以請某人發想創意；我們可以請某人把情緒全然抒發開來。

第四個好處：腦部化學物質的可能基礎，這在前一章談過。我有些論點或許超出目前知識範疇，但基於對自行組織系統的理論需求，也就情有可原吧。

第五個好處：打造了遊戲規則。人們擅長學習遊戲規則，這也是小孩最有力的學習型態之一，所以他們能玩電腦於鼓掌間。六頂思考帽為思考這個「遊戲」建立了某些規則，而我心目中的思考遊戲，則是製作明確地圖，毋須爭執。

第7章

六頂帽子
六種顏色

六頂思考帽各有顏色：白、紅、黑、黃、綠與藍。

我可以用些高深的希臘名稱來代表每頂帽子指涉的思考型態；那不僅將令人印象深刻，也勢必能討好某些人，實用價值卻很低，因為名字非常難記。

我希望思考者能將這些帽子具象化，能實實在在地想像這些帽子，所以顏色很重要，不然怎麼區分？形狀同樣不易說明，只會造成更多混淆。顏色就可以輕鬆表達意象。

各頂帽子的顏色，也跟其功能有關。

白帽。白色代表中立、客觀。白帽關心的，就是客觀的事實數字。

紅帽。紅色代表激怒、狂熱、情緒。紅色帽子提供情緒觀點。

黑帽。黑色意謂陰沉負面。黑帽涵蓋負面觀點——行

不通的理由。

黃帽。黃色象徵陽光與正面。黃帽代表樂觀，涵蓋正面、饒富希望的思考。

綠帽。綠色是草地、蔬菜的顏色，象徵豐饒、多產。綠色帽子表示創意與新點子。

藍帽。藍色是冷靜，也是天空的顏色，所以在一切之上。藍帽牽涉到思考過程的控制與整頓，還有怎麼運用其他帽子。

記住每種色彩與相關意義，就能輕鬆記住各頂帽子的功能，我們稍後即將詳談。你也可以把它們歸為三組：

白與紅
黑與黃
綠與藍

把這些帽子派上用場時，我們永遠只說其顏色，絕不以功能相稱。理由在於：當你要人家說出對某件事情的情緒反應時，你很難得到坦誠答案，因為我們總覺得情緒化是不應該的；相對的，紅帽就很中性。你可以請某人「暫時脫掉黑帽」，這遠比叫他別那麼負面容易。色彩的中立性，讓我們得以自在運用這些帽子，思考變成一種規則明確的遊戲，而非一堆告誡或者非難。

我們可以直接這麼說：

……我要你摘下你的黑帽子。

……這會兒工夫，先讓咱們都戴上自己的紅色思考帽。

……黃帽思考得差不多了，現在我們來進行白帽思考吧。

如果旁人沒看過此書，對六頂帽的意涵毫無概念，你可以先簡單解說每種顏色代表的意義。之後最好發給他們各自一本。這語彙散播愈廣，應用效果愈佳。最終，大夥兒在任何討論桌旁一坐下，隨時可以在這些「帽子」間脫戴自如。

第8章
白色帽子
事實與數字

你能扮演電腦嗎？

只要中立客觀地提供實際狀況就好。

別管怎麼解釋：提供事實就好，拜託。

這件事的實際狀況如何？

電腦至今仍不帶感情（雖說那可能是讓電腦能真正聰明思考的前提）。我們期望它依人類指令提供事實與數字，可不想見它拿這些東西來跟我們雄辯。

事實及數字經常被放在爭辯之中。我們為某種目的而引用某些事實，將其原貌扭曲。在為了贏得爭辯的意識主導下，事實與數字不可能被客觀對待。

因此我們亟需這樣一個按鈕：「請純粹提供事實——把爭論擺在一旁。」

很遺憾，慣於雄辯的西方思考總喜歡先提結論，再找

出各種事實以為佐證。反觀我所主張的製圖式思維，則須先把地圖完成，而後再選擇路徑。換言之，事實與數字優先。

　　所以白帽很好用，你可藉此請他人中立客觀地提出事實或數字。

　　IBM在美國曾面臨非常龐大的反托拉斯（譯註：反對不公平競爭）訴訟案，最後卻不了了之——或許當時美國政府了解，要面對日本紀律化的電子業強力競爭，不能沒有IBM，但卻也有另一說：IBM為此案提供的檔案排山倒海（我想約有七百萬件），根本沒有法庭能夠消化。萬一負責法官不幸中途謝世，整個案子必得從頭開始。資歷不足的法官不可能被派承接此案；要跨過那般門檻必然有相當年紀，途中離世的機率也相對提高。除非派個非常年輕的法官來面對這可能成為他終生唯一經手案件，這案子基本上根本無法審理。

　　這個故事的重點是：問題一旦拋出，鋪天蓋地的事實與數字可能足以將提問者淹沒。

　　……你想要（咒罵語省略）事實跟數字儘管拿去，統統拿去。

　　這種反應可以理解。任何資料篩選都可能被人解讀為企圖塑造某種結果。

　　不想被資料淹沒，要求白帽思考的人就可集中焦點，

詢問真正必要的資訊。

……針對失業，請概括地提出你的白帽思考。

……現在，告訴我離校半年以上的離校生數據。

把問題對焦妥當，是常見的徵詢資訊手法。善於交叉質詢的律師就精於此道。理想上，證人應戴上白色思考帽，就事論事答覆。法官及律師應會同意，沒有比白帽這個語彙更好用的了。

……我說過了，他大概是在早上六點半回到住處，因為他整個晚上都在賭。

……瓊斯先生，六月三十號當晚，你是親眼見到被告在賭博呢，還是他這麼告訴你的？

……庭上，我並沒有親眼看到，不過他幾乎每天晚上都去賭博。

……瓊斯先生，如果戴上白色思考帽，你剛剛會如何回答？

……我目睹被告在七月一號早上六點半，回到他的住處。

……謝謝。你可以退席了。

人們總說，法庭裡的律師無一不處心積慮製造有利狀況，於是他們設計的所有問題或為支持己方論點，或為擊破對方立場。這跟白帽思考絕對背道而馳。法官的角色，是中立好奇的。

荷蘭法律體系並沒有陪審團,三位法官或陪審員仰賴純粹的白帽思考以了解真正案情。畫出「地圖」再做出評斷,是他們的任務。英美則似乎不是這麼回事兒:在這些地方,法官職責首重證據原則,據此評估律師離析過的證據。

因此,若有心設計題目以汲取資訊,此人一定要先戴上白色思考帽。你究竟打算挖掘事實,還是為了支持某個藏在腦袋深處的意圖?

……美國去年火雞肉銷量提高百分之二十五,原因是大眾愈來愈注重飲食與健康。一般認為,火雞肉比較「不造成負擔」。

……富茲勒先生,我已經說了,請你把你的白帽給戴上。你剛講這句話的事實只有那百分之二十五的成長,其餘都是個人解釋。

……不,長官。根據市場研究,民眾明確指出,膽固醇含量較低是他們購買火雞肉的原因。

……這樣的話,你有兩則事實:第一,去年火雞肉銷售提高百分之二十五;第二,某些市調證實,人們宣稱自己之所以購買火雞肉是因為關心膽固醇。

白帽為如何專注處理資訊提供了某種方向。我們可試著盡力扮演好戴白帽的角色,只提供純粹的事實。不難看出,這個角色需要某些技能——別的帽子恐怕都不需要這

麼多。

……女性抽雪茄的人數有上升趨勢。

……那並非事實。

……怎麼不是？數字就擺在眼前。

……你的數字顯示過去三年中，抽雪茄的女性人數都
高過前一年。

……這不就是趨勢？

……也許是，但那只是一種看法。對我而言，所謂趨
勢指的是某種正在發生、並且會持續發生的事情。這些數
字表達的是事實。也許女性真的開始抽更多雪茄了——基
於愈來愈多的壓力；也可能只是雪茄廠商過去這三年不斷
加碼針對女性打廣告。前者確實是個蘊藏商機的趨勢，後
者就不然了。

……我只不過用趨勢這名詞來描述上升的數字嘛。

……也不是不能用，但要剖析某種持續狀態的話，還
有別的說法。最好運用純粹白帽思考說：「過去這三年的
數據顯示，女性抽雪茄人口不斷增加。」然後大家就能討
論這個現象意謂著什麼以及背後原因。

從這層意義看，白帽是一種原則，讓思考者心中雪
亮，能清楚分辨事實與推論之別。我們或可想像，政治人
物要嘗試白帽思考恐怕難度頗高。

第 9 章
白帽思考
那是誰的事實？

那是事實，還是可能？

那是事實，還是認定？

究竟可有半點事實存在？

　　現在我們可以回到我一開始所談到在布宜諾斯艾利斯廣場的那尊羅丹銅像《沉思者》了。我當時人在布宜諾斯艾利斯是個事實；導遊指出羅丹雕像也是事實；她好像說那是原作，是事實；那雕像放在國會廣場，好像是事實。後面兩點，受制於記憶是否可靠。即便我完全沒記錯，搞不好那位導遊自己搞錯了。所以前面敘述這段經歷時，我以「我相信」起頭；我選擇相信自己的記憶，跟那位導遊。

　　大部分的所謂事實，不過是由衷之言，或當時的一種信念。生活必須繼續，不可能以科學般嚴謹態度檢視一

切，所以我們在現實裡存在這個雙軌體系：認定的事實（believed facts）；確認的事實（checked facts）。

　　進行白帽思考時，你絕對可以提出認定事實，但必須強調這些是次等事實。

　　……俄國貨船運量在全球貿易占比非常可觀；我想我這麼講應該沒錯。

　　……我曾讀過一篇報導說，日本高階主管之所以可報大筆應酬支出，是因為薪水都得交給老婆。

　　……新的波音七五七安靜性能遠遠優於以往；我相信我可以這麼說。

　　讀者可能會不舒服地指出，用這些「狡猾的」講法，任何人都可以大放厥詞而絲毫不用負責。

　　……有人跟我說，他聽他朋友講，邱吉爾私底下很崇拜希特勒。

　　沒錯，這種講法是讓各種鐵口八卦有可趁之機，但我們也確實需要呈現認定事實的途徑。

　　重點在事實將擺在什麼用途。讓某個事實成為決策依據之前，有必要進行確認。於是我們先評估哪些認定事實可以用，進而加以檢驗。舉例而言，若我們相信波音七五七的安靜特性對機場選地舉足輕重，則當然有必要將這事實從「認定」狀態提升到「確認」狀態。

　　任何一件事都不該加油添醋，是白帽思考的關鍵原

則。若能持平陳述，這類事實是可以參考的。牢記這雙軌體系。

容我重申：信念（belief）層面絕對有其存在必要；試驗、假設、甚至挑撥刺激，對思考非常重要。它們在事實之前提供了架構。

然後我們來到非常困難的節骨眼了：「信念」在何時變成「看法」（opinion）？我可以「相信」波音七五七比較沒噪音（信念），也能「認為」更多女性抽菸，是因為壓力遠甚以往（看法）。

讓我立刻強調：白帽思考絕對不允許你個人的看法，否則白帽毫無意義。另一方面，你當然能提出別人的真正看法。

……人力飛機絕對不可行，這是史密特教授的看法。

請務必確認清楚，所謂事實的信念層面，就是你相信是事實、但尚未經過徹底驗證的事情。你最好具備這兩種層面：

1. 確認事實

2. 未確認事實（信念）

最終，態度是關鍵。戴上白帽時，思考者進行中立的「成分」陳述。這些陳述攤開來，很容易被拿來支持特定論點。一旦有此現象產生，就得提高警覺：有人濫用白帽角色了。

假以時日白帽角色終將成為本性，思考者毋須為贏得爭論而竊用某種論述；他培養出中立的客觀，類似科學界觀察家或生物界探險家的仔細記錄不同族群對象，絲毫未曾考慮這些記錄的實際用途。製圖者的使命，就是製作地圖。

　　白帽思考者把所有「標本」攤在桌上──就像小男生清空口袋，掏出其中的銅板、口香糖跟一隻青蛙。

第10章

白帽思考
日式元素

討論，爭辯，共識。

沒人提任何意見的話，意見到底要上哪兒找？

先製作地圖。

日本人從不採用西方人爭論的習慣。也許，在封建社會，不贊同對方實在太沒禮貌或風險太高；也許他們太強調尊重彼此及保留「顏面」，不容許爭論帶來的攻擊性。也許日本文化不像西方那麼自我本位；爭辯往往具備強烈的自我意識。而最可能的解釋是，日本人並未受到古希臘那被中世紀修道士發揚光大以壓制異教徒的思辯術所影響。日本人不爭論，我們西方人覺得不可思議；我們西方人好辯論，日本人也難以理解。

在西式會議中在座每人都各有主張，且多半抱著自己理想的結論，會議便在不同主張的辯論中進行，看其中哪

些能挺過所有批評，哪些獲得最大多數的支持。

最初提出的意見確實經過了一些改善，但基本上那是「大理石雕刻」過程：從一塊大石為起點，朝最終成品一路刻去。

西式的共識會議（consensus meeting）因為沒有絕對的贏家或輸家，辯論氣息就沒那麼尖銳。眾人同意與接受的，就是最後結論。這比較接近「泥塑」：把一片片泥土往模具放上去，慢慢捏成最後成品。

日式會議不是共識會議。

西方人很難理解日本人怎能不帶任何成見參加會議？開會旨在聆聽。而那一大片靜默又怎不令人感覺毫無建設？因為每個與會者輪流戴上白帽，一一提出中立資訊。地圖漸漸繪製完整，具備愈來愈豐富的細節。一旦完成，大家都可清晰看見路徑何在。我沒說這整個過程可一次完成；那可能要花上幾個星期、甚至個把月，舉行過無數次。

重點是：沒人會提出預設立場。所有資訊情報都是在類似戴著白帽的情況下提出，漸漸形成某種概念。參與者清楚目睹。

西方觀念中，要透過辯論的搥打，概念方能成形。

日式觀念裡，概念如秧苗慢慢長大，經栽培得以成形。

上述西方辯論與日式資訊匯入之比較，多少有些概念

化。我純粹做個對照，並非像某些人迷戀日本一切，什麼都想取而仿效。

我們很難改變文化，才需要某些讓我們超越爭辯習性的機制，這正是白帽角色的功能。當會議中所有人都有此默契，白帽角色就能夠傳達：「讓咱們一起扮演開日式會議的日本人吧。」

要讓這種機制發揮實質作用，就需要白色思考帽這類人為裝置。告誡與解釋，實在難產生具體效用。

（我無意闡釋為何日本人的創新能力沒那麼特出。創新需要一種自我本位的文化，容許瘋狂者能無視周遭眼光堅持己念到底。不過，創新是可以用比較實際的方式達成，如藉由水平思考的刻意激發。我在綠色思考帽章節及別處另有討論。）

第11章

白帽思考
事實，真相，哲學家

事實的真實性究竟如何？

哲學的語言遊戲究竟有何價值？

絕對事實與「大致上」。

　　事實與真相之關聯，並不如多數人想像的那般緊密。事實與一種名為哲學的系統相關，該系統頗多文字遊戲。真相則關乎可確認的經驗。對此題目不感興趣的實際派讀者盡可跳過此章。

　　若我們所見的每隻天鵝都是白的，就能大膽斷言「所有天鵝都是白色」嗎？可以，而且我們就是這麼做。截至發言時刻，那確實是我們經驗的實際總結；從這層意義看，那也是真相。

　　第一隻出現的黑天鵝則改變了這句話的真實性，頓時把事實翻轉為非事實。而從真相角度而言，我們大概看過

一百隻白天鵝裡才有一隻黑天鵝，於是根據真相經驗我們可以說：「大多數的天鵝是白色的」；「天鵝大致上是白色的」；「百分之九十九點多一點點的天鵝是白的。」

「大致上」這名詞好用的不得了（大致上孩子都愛吃冰淇淋；大致上女人都會化妝），對邏輯學家卻完全說不過去。「所有的天鵝都是白的」，「所有的」決定這句話的真偽；邏輯就是如此，必得從某絕對事實移往另一絕對事實：「若甲為真⋯⋯則⋯⋯」

撞見第一隻黑天鵝，讓「所有天鵝都是白的」這話不再屬實，除非我們決定另外給黑色天鵝命名，這下就變成文字跟定義的玩意兒了。若我們把白色作為天鵝的基本定義之一，黑天鵝必然成為別種東西；若不把白色當作基本定義，黑天鵝就可歸於天鵝一族，而所謂天鵝則得靠其他特點來界定。這種定義上的規範、操弄，正是哲學的本質。

白帽思考只關心資訊情報是否可用，因此，「大致上」跟「整個來講」的東西完全可接受。要檢驗這類模糊講法究竟有多少確實性，那是統計學的事；但我們不可能拿到所有的統計數字，所以我們得用上雙軌體系（認定及確認的事實）。

⋯⋯大體而言，企業若根據對未來樂觀想像的營業額決定支出的話，是會碰到麻煩的。

（但倒也確實有可能出現少數例外。）

……如果降價，銷量往往會提高。

（房價上漲，買氣卻可能走揚，也許是出於投機心態、擔心通貨膨脹，或怕慢了人家一步。）

……努力工作就會得到成功的人生。

（一大票辛勤工作的人卻不怎麼成功。）

各種可能性的發生機率可表示如下：

永遠真確

通常真確

大致真確

大致上

多半

五五波

時常

有時真確

偶爾真確

據知曾有前例

絕非事實

不可能屬實

在這條可能機率光譜上，白帽角色可以走多遠？之前

談過，這要看資訊表達的方式。舉例來說，某些狀況即便絕無僅有，恐怕也有讓大家知道的必要。

……麻疹通常無害，但有時會引起二期感染，像是耳朵感染。

……在極少數情況下，接種會引起腦炎。

……據知，這種狗在被惹毛的情況下曾攻擊過小孩。

了解這類資訊顯然有其價值，但也有衝突存在。以第二個例子而言，人們對接種會引起腦炎的恐慌可能遠大於統計數字呈現的危險，所以有必要提供精確的數字，才能消弭不必要的錯誤解讀。

白帽思考之下，傳言可有存在空間？

……有個傢伙沒戴降落傘從飛機上墜落，卻大難不死。

……據說福特的 Edsel 是根據市場研究研發的，結果卻其慘無比。

這些發言確實根據事實，所以白帽思考者當然有權照說，只是一定要註明是「軼事」或「案例」。

……根據市場研究設計出來的產品，時常會失敗。拿Edsel 來說吧，據說它的設計就是根據市場研究，最終卻成了完全失敗的案例。

上面這段言論不算合格的白帽思考——除非有更多證據顯示，根據市調研發的設計都落得失敗下場。貓兒會從屋頂摔下來，但並非一般狀況。

例外所以引人矚目，正因其脫離尋常。我們留意到黑天鵝，因為一般來講牠們占極少數；我們留意到一個沒揹降落傘從飛機上墜落的人，因為這多少不尋常；人們不斷提及 Edsel，也是同樣道理。

　　白帽思考是為了實際，所以必須要能把各種資訊攤出來，重點是：怎麼攤。

　　……所有專家預言，今年底之前利息會降。

　　……我跟四位專家談過，每位都預言年底前利息會降。

　　……我跟弗林特、齊格勒、凱格里亞托、索瑞茲四位先生談過，他們一致預言年底前利息會降。

　　這兒我們看到三種不同的精確度，而即便第三種也仍不夠好。我可能有必要了解：你是什麼時候跟這些專家談過的。

　　白帽思考並無絕對界線。那是一個方向，讓我們致力達到更好。

第12章

白帽思考
誰戴那頂帽子？

戴上你自己的帽子。

要某人戴上帽子。

要每個人戴上白帽。

選擇戴上帽子作答。

上述句子涵蓋了絕大多數的情況：你或者是要求、被要求，或是主動選擇。

……我們的促銷活動出了什麼差錯？

……要回答這個，我要先把白帽戴上。我們跟三成四的通路談過，其中肯接受我們產品的只有六成；在這六成裡面，只有四成答應先試賣看看。而我們接觸的所有人當中，有七成說我們的價格太貴；市面另外兩家產品相對比較便宜。

……現在請提供你的紅帽思考。

……我們產品差卻又太貴，在市場上形象不好。對手廣告比我們好多了，播放頻率又高。我們沒能吸引到最優秀的業務員。

在這個例子中，紅帽的「感受」層面可能更重要，但白帽就不能提出這類「感受」面向，除非只是轉述潛在顧客的發言。

……首先我們都把白帽戴起來，然後來談談我們對青少年犯罪的了解。數據怎樣？報告在哪兒？誰能提供證據？

……你跟我說你要下單買這家廠商的電腦，可以請你說出你這方面的白帽思考嗎？

……我不要聽你猜測如果我們把跨大西洋的機票價格降到250美元會怎樣；我要聽你的白帽思考。

很顯然，白帽思考排除諸多頗有價值的東西，諸如：直覺、經驗判斷、感受、印象、看法。不用說，那也正是白帽存在的道理：找出一種只允許純粹資訊出來的途徑。

……你要我從白帽思考說明轉換跑道的理由？薪資沒比較好；津貼沒比較好；離我家一樣遠；職涯發展無差；工作類型一模一樣。戴著白帽，我能說的就這樣。

第13章
白帽思考摘要

　　想像一台電腦根據指令提供數字與事實，中立客觀，不加任何評論。戴上白色思考帽時，思考者就該模擬電腦。

　　要求提供資訊的人，問題要有焦點，才能獲得有用或欠缺的資訊。

　　現實裡資訊系統有兩個層面。第一層包含確認過、同意過的真相——第一級真相。第二層，包含我們相信為真，卻未經過充分驗證的真相——第二級真相。

　　可能性光譜從「永遠真確」延伸到「絕非屬實」，中間包含各種有用層次，如「大致上」、「有時」、「偶爾」。白帽思考時是可以提出這類資訊的，只是得以適當的「措辭」表明其發生機率。

　　白帽思考是一種原則，一個方向。思考者提出資訊時，得致力保持中立客觀。會戴上白帽，有時是別人要

求，你同樣可對人提出此要求。你也可選擇自行戴上或脫掉。

　　白色（無色）代表中立。

第14章
紅色帽子
情緒與感覺

與中立客觀相反。

預感，直覺，印象。

毋須證明。

毋須提供理由或基礎。

紅帽思考完全是跟情緒感覺及非理性層面相關的思考，紅帽為這類東西提供正式明確的管道登上檯面——成為正當的一塊拚圖。

思考過程若不允許放進情緒與感覺，它們自會潛入下意識，不著痕跡地影響整個思考。情緒、感受、預感、直覺，這些東西強烈而真實。紅帽予以承認。

紅帽思考幾乎與白帽完全相對，後者中立而客觀，不帶任何情緒色彩。

……別問我為什麼，我就是不喜歡這筆交易。它讓我

渾身不對勁兒。

　　……我不喜歡那傢伙，也不想跟他打交道。就這樣。

　　……我有股預感，教堂後面那塊地幾年後會大發利市。

　　……這設計真恐怖，它永遠不可能流行。簡直是把錢
扔進海裡！

　　……我對亨利感覺很特殊；我知道他是個騙子，咱們
也被他騙了，但他騙得真漂亮。我喜歡這小子。

　　……我直覺這個交易絕對談不成，最後肯定要花一大
筆訴訟費。

　　……我感覺這處境毫無贏面；做，會被罵死，不做，
也會被罵死。還是撤吧。

　　……如果等人家簽約後才抖出這情報，我覺得不公平。

　　任何想表達這類感受的思考者都該去找紅帽。從單純
的情緒到預感直覺，這頂帽子都予以正式的表達許可。在
紅帽思考下，你完全毋須為你的感受辯解。戴著紅帽，你
可以扮演隨感覺牽引的情緒思考者，不必理性地步步為
營。

第15章

紅帽思考
情緒在思考中的位置

情緒會破壞思考，抑或是思考的一部分？

情緒在什麼節骨眼出現？

情緒化的人可以是好的思考者嗎？

傳統認為，情緒阻礙思考。優秀思考者想來是冷靜超脫的，不受情緒波及；他應該客觀，純就事實本身評估，不涉及自己情緒相關需求。甚至一直有人說，女性很難成為好的思考者，因為她們太情緒化；明智抉擇需要的超然，她們天生不夠。

但任何好的決定終究不脫情緒影響。我這句話的重點在終究二字。我們運用思考製出地圖後，要選擇哪條路徑，取決於價值觀與情緒。這稍後會再談及。

情緒予以思考一種關聯性，使思考符合當下情境及需求。那是大腦作用的重要環節，而非某種干擾或史前時代

遺物。

情緒會在三個環節影響思考。

強烈的背景情緒可能存在，例如恐懼、氣憤、憎恨、懷疑、嫉妒，或愛意。這種情緒背景使整個認知受到限制與扭曲。紅帽思考的目的就在凸顯背景，以便觀察其後續影響。整個思考過程都可能受某種背景情緒的主宰。這東西也許跟某人或某個情況密不可分，也可能因為其他理由而出現。

在第二種情況下，情緒由初步認知引發。你認為自己受到某個人的侮辱，於是對那人的整個看法便受此感覺影響。你認為（可能事實並非如此）某人談及某事乃出於自利，便對他一切發言大打折扣。你認為某事其實是一種廣告，態度便甚為保留。我們常立即做出瞬間判斷，由此產生的情緒牢不可破。紅帽思考提供一個機會，讓我們在第一時間忠實面對這些感受。

……戴上紅帽的話，我會說你提出的條件根本是為了自己，而不是為了公司利益。

……根據我的紅帽思考，你是為了保住自己飯碗才反對這個合併案，並不是考慮股東權益。

情緒可能造成影響的第三個時間點，是在整個地圖完成以後。這個地圖應包含紅帽思考呈現的所有情緒。然後在要決定走哪條路的時候，情緒——包含許多自利心——

便出來了。每個決定都帶著某種價值基礎。我們對價值觀的反應是情緒化的；我們對自由這個價值的反應是情緒性的（尤其當我們曾失去過自由）。

……我們已對這整個狀況做了最縝密的整理，現在請大家戴上紅帽，根據情緒挑出行動方案。

……兩條路當中——繼續罷工或談判——我偏向前者；我覺得時機還不成熟，雙邊承受的壓力都還沒大到任一方肯退讓的地步。

思考過程把情緒表達出來是值得肯定的。對於抱持這種態度的人，紅帽概念很有用，因為它讓這些情緒有合理出口，能在地圖最終版本占一席之地。

但有些不能見人的情緒，紅帽思考有辦法揭開嗎？

……我反對指派他，因為我很嫉妒這傢伙，見不得他這麼平步青雲。

有人真會把這類嫉妒攤開來嗎？恐怕不會。但紅帽概念提供了某種程度的釋放。

……我現在戴上紅帽，我要說我覺得我反對安的升遷，多少有些嫉妒心理。

或者是：

……藉著紅帽，我要說我反對安的升遷案。這純粹是我個人感受。

我們要記住：心中藏有隱私的思考者，有選擇戴紅帽

的權利。他們因而可合理地流露情緒。

　　……這其中可能帶有恐懼成分：恐懼工作變動引發的混亂。

　　……對，我非常生氣，現在我只想拿回我那一份。我不喜歡被騙。

　　……我必須承認，我在這兒做得很不開心。

　　紅帽思考鼓勵這種探討：「究竟這當中涉及哪些情緒？」

第16章

紅帽思考
預感跟直覺

直覺可靠嗎？

直覺的價值如何？

直覺能怎麼運用？

　　直覺這個名詞有兩種意義，兩種都對，但就大腦功能而言卻截然不同。直覺可用來形容頓悟：過去那麼看待的某件事，忽然以不同角度出現腦海，結果可能迸發創意，也許成為科學界的一則新發現、數學界的一項大突破。

　　……把注意力從贏家轉往輸家，你會立刻發現：一百三十一名參賽者得經過一百三十場對抗來產生一百三十名落敗者。

　　直覺的另一個意義，是對某種情況的立即領會。那是基於經驗的複雜判斷——難以言說也不易歸納。就像一眼認出個老朋友，綜合多種因素的複雜判斷差不多也是那樣。

⋯⋯我有股直覺：這款電動車賣不出去。

這類直覺或許是基於對市場的了解，對類似產品的經驗，或對消費者在這價格帶如何做購買決策的認識。

我想談的直覺，屬於後面這種「複雜」的判斷。

直覺、預感、感受，這些東西十分接近。預感即是以直覺為基礎的假設；感受亦然，包括從審美感受（幾近品味）到明確評定都是。

⋯⋯我有種感覺，到了關鍵時刻，他會打退堂鼓。

⋯⋯我強烈地覺得，這張公車票跟那輛單車是這個命案的關鍵線索。

⋯⋯我覺得這理論有問題，太複雜太混亂了。

成功的科學家、企業家、將軍，似乎都具備這種「感覺」狀況的能力。我們說某某企業家「嗅得出錢味兒」，意謂對金錢培養出特殊感應的企業家就是能看見旁人看不見的商機。

直覺當然可能出錯，尤其賭博。如果輪盤賭一連出八個紅，直覺會強烈建議下個是黑。而實際上機率一模一樣，賭桌並沒有記憶。

所以我們該如何看待直覺及感受？

首先，我們以紅帽賦予它們合法性。紅帽讓感受的表達與探詢成為思考的一部分。或許情緒跟直覺該分屬不同帽子，但那只會讓事情更複雜，我相信即使其本質有差，

一同擺在「感覺」這帽子底下處理卻是沒有問題的。

　　我們可以嘗試分析直覺判斷背後的原因，但不見得成功。而當判斷說不出個道理時，能信嗎？

　　若單靠預感進行大筆投資就會出大問題。直覺最好只扮演整個地圖其中一個環節。

　　我們可以像面對顧問似地看待直覺。如果某某顧問一直都頗為可靠，我們大概就特別重視他的建議；如果直覺在許多情況下都相當正確，我們會傾向相信它。

　　……所有論據都不支持降價，但直覺告訴我，這是挽回市場占有的唯一選擇。

　　經驗老道的地產經紀人練就掌握機會的敏銳度，豐富的經歷透過直覺告訴他，哪些交易能做，哪些要躲。這直覺用在房地產也許極有價值，因為他已經過無數寶貴教訓的淬煉；但若拿此人的直覺來預測總統大選，恐怕參考價值就不大了。

　　我們也可抱著「輸贏難免」的態度來面對直覺。它不盡正確，但如果對的機率比出錯高，整體來說就還不錯。

　　把直覺視為神諭很危險，但它是思考一環，確確實實存在，也能有所貢獻。

　　……可否請你戴上紅帽，說說你對這合併案的直覺？

　　……我的紅帽感覺說，房地產價格馬上又要飆漲。

　　……你說說你對這波促銷活動的紅帽想法，好嗎？

……我的紅帽告訴我，對方不可能接受這個價格的。

直覺跟意見兩者何時相遇？之前我們看到，白帽思考不容表達自己意見（但可以轉述別人看法），因為形成意見的基礎是評斷、解釋、直覺這類東西，權衡結果可能落在對已知事實的評斷，也可能落在由未知因素構成的感覺。意見，可經由紅色、黑色或黃色帽子表達；透過紅帽時，最好以感覺之名表述。

……我的感覺是：無聊是很多青少年犯罪的起源。

……我的感覺是，電影業需要幾部熱烈炒作的豪華鉅片來撐起票房。

第17章
紅帽思考
時時刻刻

回應與沮喪。

這是我對此會議的感覺。

表達或隱藏感受。

開會、討論或對話當中，隨時可表達紅帽感受。那感覺不只可針對討論議題，也可以朝開會的方式而發。

……我正在戴我的紅色思考帽；我要跟各位說，我實在不喜歡這種開會方式。

……我想做個紅帽發言；我覺得我們是被迫做出結論。

……胡勃先生，我的紅帽觀點是你從不聽別人意見。

……我想說的都說了，現在我要脫掉紅帽了。

有違一般會議自然產生的情緒流動，這紅帽規矩似乎顯得做作而多此一舉。要發火，真有必要先「戴上」紅帽

嗎？透過表情和語調，情緒不就表達出來了嗎？

　　正是這種做作，彰顯了紅帽的真正價值。一般而言，情緒需要時間醞釀，更需要時間消退。憎惡浮起，感覺鬱悶；左邊攻擊，右邊防衛。就某個層面來說，紅帽讓我們能迅速出入某種情緒狀態：戴上紅帽，脫掉紅帽。戴著紅帽表達出來的意見，要比沒戴帽子所講的容易被接受，因為約定俗成。

　　「戴上」紅帽的必要，可降低摩擦。有人覺得受到輕慢，絕對有權隨時戴起紅帽。約定俗成之後，你若沒表態戴上紅帽就講出情緒性的東西，即顯得粗魯。

　　紅帽為情緒感受提供了康莊大道，這些東西就不需要四處隱匿流竄。誰覺得有必要宣洩情緒，盡有大路可走。

　　再不需要拚命去揣測旁人感受了，你大可以直接問了。

　　……我要你戴起紅帽，告訴我你對我這提案的想法。

　　……我懷疑你不喜歡我。請給我紅帽答覆。

　　即使毫不懷疑對方的愛，戀人也總喜歡聽到對方親口說出這個字眼。

　　……切到紅帽層面來，我要說我對這次會議進行方式非常滿意。大家是否都這麼認為呢？

　　……我的感覺是我們全體都希望通過並簽署這個合約。莫里森先生，可以請你以紅帽表達你的觀點嗎？

而紅帽概念不應濫用至荒謬程度。每次表達某種感受就正經八百地端出紅帽，完全多此一舉。只有當你需要鄭重明確地表達、或請人表達某種情緒時，才需拿出紅帽概念。

　　……假如你再多做任何紅帽言論，我就要沒收你的紅帽。

　　……我們再聽你做最後一次整體性的紅帽發言之後，這個討論就到此為止。你對此事感受如何？

　　……我只希望再給我一次紅帽言論權，脫掉以後我就不會再用了。

第18章

紅帽思考
情緒運用

思考能改變情緒嗎？

情緒背景。

情緒作為議價手段。

情緒，價值觀，選擇。

當情緒透過紅帽具體呈現，隨即就可能有人企圖加以探索、甚至改變。這時就不再屬於紅帽的範疇了。

思考會改變情緒。改變情緒的，不是思考的邏輯部分，而是認知。當我們以不同視角看待一件事，情緒便可能隨之轉變。

……別把這場網賽視為失敗，把它當作是一種找出對手優缺點的有力途徑。

……如果這個價格是你們提出來的，是不是就可以接受了呢？

……就把這當作重要的學習經驗，別視為錯誤的判斷。學習本來就得付出昂貴代價。以後，我們就不會重蹈覆轍啦。

並非每次都能找到扭轉情緒的認知方法，但絕對值得一試。

情緒表達出來，可作為思考或討論的背景。大夥兒都明白有這股情緒的存在，一起努力避免受此影響，謹慎做出決定跟計畫。有時不妨假設背後另有其他情緒，看看會造成什麼不同。

……我們都知道這些談判結果是在極度疑慮的前提下產生的。現在讓我們想像一下，如果雙方真誠信賴彼此，又會出現怎樣的思維。

……我們必須意識到背後存在的憤怒，不能加以忽略。

如之前所言，情緒及感受會改變地圖的顏色。透過紅帽，我們可洞悉哪些「區域」受到情緒的高度影響，進而找出解決方法。

……禁止你投效對手的提案顯然頗為敏感，我們會先解決這個問題。

……工會主席絕不可能同意任何減薪動作，這點早已強烈表示過了。

情緒經常被拿來當作議價手段。我指的不是擺出一臉

不悅、恐嚇、勒索、乞憐之類，而是與特定事件相關的情感價值。價值大小要看談判基礎而定；對甲方是這個價值，對乙方可能是另一種價值。藉由紅帽思考，就能直接清楚地表示出這些價值。

……能否跨越工會訂定的界線，關係著我們的產能。

……我們必須堅持遵循適當的懲戒程序。我們不是說瓊斯無辜，只是強調要照明訂規章行事。

一般同意，思考終極目的在滿足思考者本身，因此，思考最終得滿足表達出來的情緒。

三個問題出現了。提出的方案，真有滿足那表達出來的期待了嗎？

……我不覺得降價能提升銷售。

第二個問題：滿足了甲方，可能就犧牲了乙方。

……我們可以增加加班次數，或雇用更多人。前者對在職者有利，後者則能照顧到一些失業者。

第三個問題則是短期跟長期的衝突。一項基督教義清楚闡明這點：若人喪失靈魂，即便得到全世界又有何益？

……我們可以抬高廣告費率，立刻衝高業績，但長期來說，這會讓廣告主跑去別家媒體。

……假如降價吸引別家航空公司的顧客也許暫時會賺，但接著對手會跟進降價，客人又跑掉了，而屆時縮小的獲利水準卻無法挽回。

……我很想吃這籃薯條，但那對我的體重問題可沒半點好處。

　　……我願意投資更多錢給這齣劇，因為我喜歡女主角娜笛雅，我要她的戲分加重。

　　……我很樂於贊助新科技發展，但就長期來說，我知道投資者想看見的是穩定成長。

　　情緒既是思考方法，也是思考課題。想拋開所有情緒把一切交給理性，根本不切實際。

第19章

紅帽思考
情緒語言

情緒毋須合乎邏輯或前後一致。

情緒可用語言微調。

克制為情緒辯護的慾望。

關於紅帽，最難一點在克制為情緒解釋的企圖；這些解釋可能對也可能不對，而無論如何，在紅帽思考底下都沒有必要。

……別管你不信賴他的理由。你不信賴他就對了。

……你喜歡在紐約設辦公室的點子。不需要細說你喜歡的理由，那可以等到我們接近做決定的時候再說。

從小我們習慣為情緒道歉，因為那些東西不屬於邏輯思考。也因此，我們傾向以邏輯態度待之。當我們不喜歡某人，必然講得出理由；當我們喜歡某個案子，必然出於某種邏輯。紅帽則讓我們掙脫這股莫名的義務。

這意謂我們於是可擁有一切偏見嗎？這樣不是很危險嗎？正好相反。當偏見強烈注入邏輯裡，其可能危害遠大於被視為情緒處理的偏見。

我不反對探索情緒及其成因，然而那不屬於紅帽範疇。

情緒變幻無常。有個民調問美國人是否贊成涉入中美洲事務，絕大多數表示贊成，但絕大多數卻也反對任何一種涉入提案。對涉入這個抽象概念表達同意，面對落實後的具體項目則予以反對；這在現實裡是很可能的。邏輯上或許不成立，但在情緒世界絕對站得住腳。

紅帽並非情緒的護衛隊，當然總不免有人做此盤算。紅帽其實比較像是一面鏡子，如實反應情緒所有面向。

據說，對於雪，因紐特人（Inuit，愛斯基摩一支）就有二十種講法。有些文化對愛的細微差異也有二十多種形容。英文與諸多歐洲語文的日常會話中，則沒有那麼多表達情緒的字眼。

英文有喜歡／不喜歡、愛／恨、高興／不高興、快樂／不快樂。舉例來說，對於「正面的尚未決定」，應該要有一個字，「負面的尚未決定」，要有另一個字才恰當；「可疑的」這個字呢，負面意味太重了。

由於紅帽讓我們坦誠面對情感，我們遂得以適當描繪，找出最適合的字眼。否則我們往往措辭強烈，且佐以

加油添醋的聲調表情。

　　……我可以感覺你的遲疑；你不想參一腳，卻也不想落單。你想看看情形再說。等你覺得是時候了，就隨時加入吧。

　　……你不討厭摩根，但你覺得他讓你不舒服。你會很想找出討厭他的正當理由。

　　……在這件事情上，我們就是不對盤。

　　……對冒險的興趣，似乎在安靜的消退。並非喪失了熱情，情況比較像是一個灌飽的橡皮胎正緩慢的漏氣；表面看不出異樣，過一陣子就明顯消了不少。

　　紅帽給思考者空間，讓他可如詩人般處理感受。紅帽賦予情感登台亮相的權利。

第20章

紅帽思考摘要

　　戴上紅帽，思考者可大方說出：「這是我對此事的感受。」

　　紅帽承認情緒情感在思考上的重要地位。

　　紅帽讓情感具象化，成為思考地圖的一環，同時也在其後決定路徑的價值系統中扮演一角。

　　紅帽予思考者自在切換情感模式的彈性。有此機制才有此可能。

　　紅帽使任一思考者得以探詢他人感受，只要開口請對方說出紅帽想法即可。

　　思考者運用紅帽時，切勿企圖解釋其情緒、或提供任何邏輯基礎。

　　紅帽涵蓋兩種廣泛的情感類型。第一類，即我們所知的一般情緒，從恐懼、厭惡等強烈情緒，到比較溫和者例如懷疑。第二類，我們把預感、直覺、意識、品味、美感

等複雜判斷納入這類「情感」，此外也包括一些不那麼確切的感受。當某個看法帶有大量這類感覺時，也符合紅帽資格。

第21章
黑色帽子
有何不妥

合乎邏輯的負面。

為何行不通。

不合乎我們的常識與經驗。

批判。

悲觀。

我們得說,多數——包括受過與未曾受過訓練的——思考者戴上黑帽最感自在。這是因為西方著重辯論之故。也許很難想像,但很多人確實以為思考主要功能便是戴上黑帽。遺憾的是,這一來完全忽略了思考的生產性、創造性,跟建設性了。

話又說回來,黑帽思考是思考極為重要的一環。

黑帽思考永遠講求邏輯。它是負面的,但它不是情緒性的。情緒性的負面由紅帽扮演(情緒性的正面亦然)。

是的，黑帽思考望向事情的「黑」暗面，但絕對是合乎邏輯的黑暗面。戴著紅帽，你毋須解釋你的負面感覺；戴著黑帽，則永遠得說明邏輯相關原因。事實上這就是六頂思考帽最大的貢獻之一：以十分確定的態度，將情緒性的負面思維從邏輯性的負面思維中抽離。

……我不認為降價會有用。

……這是紅帽思考。我要你提出黑帽思考，把你的邏輯原因講出來。

……以我們過去經驗來看——也就是業績數字，我可以拿給你看——降價帶來的銷售量從來不足以抵消獲利損失。我們的競爭對手也不乏跟進降價的例子。

黑帽所持的理論必須超然獨立，對所有人都適用，毋須經權勢角色之口，即便透過白紙黑字也應具有同樣效力。邏輯性乃黑帽思考之基礎。

黑帽思維必得合乎邏輯，講求真實，但不盡然得合乎公平。黑帽思維呈現負面邏輯性，說明行不通的理由；正面邏輯——何以行得通——則由黃帽呈現。心智朝負面傾斜的本能太強，不得不單獨提供一頂帽子。思考者需要可純粹展現負面心態的機會。

人處於負面情緒時，大腦化學成分極可能不同於正面情緒之下。果真如此，那麼只以一頂帽子同時涵蓋正負邏輯恐怕不切「實際」，腦部化學組成不可能瞬間來回變

化。負面狀態的化學組成可能近似恐懼，正面時的組成則可能類似歡樂。

評論這個詞兒，人們總說它包含正反兩面的誠實評價。而實際上，「批評」這動詞表示指出哪兒出了錯。這也正是黑帽思考的精神。

多年指導思考的經驗告訴我，把邏輯性的負面思維與正面思維分開，的確有其必要。當人們自稱公平時，往往只是拋出一些跟自己所持觀點相反、卻無關痛癢的論述而已。

雖說黑帽是「批評之帽」，我必須再三強調：那絕對不是在爭辯中選邊站。無所謂哪一邊，爭辯也不存在。黑帽的焦點只在邏輯性反面。思考者可任意從黑帽換成黃帽，然後再換回來。

……戴上黑帽，我得指出這小屋缺乏電力。戴上黃帽，我可以說你不用付電費。

黑帽這種確切特性，卸除了思考者必須講求公正的負擔，正反兩面皆可看個透徹。戴上黑帽，思考者可讓負面思維恣意馳騁。

乍看之下，黑帽似乎會讓許多原本就頗負面的人更肆無忌憚。如同紅帽給情緒合法地位，黑帽好像也讓人大搖大擺走往負面極端。但實際上，黑帽效果恰好相反。

一個本性負面的人思考總往反面走，負面特質永遠伺

機而動。我們一般都是攪拌式的思考——企圖同時處理所有事情——這種人的基調則以負面為主。黑帽將矛頭指向負面，倒是限制了負面的擴散程度，並指出跳脫負面的明確途徑。

……你的黑帽思考真是不同凡響。現在何不換頂帽子戴戴？

……整個會議下來只見你戴著黑帽思考。你是只會戴這頂帽子嗎？

……接下來五分鐘，我要你摘下黑帽換上黃帽，再告訴我你看到什麼。

……我們的黑帽思維多半來自瑪麗。她沒戴黑帽的時候呢，似乎就沒什麼意見。

……你是個「一帽思考者」，那一帽還是黑帽。

木桿了得的高爾夫球員，也不會忽略自己的推桿。同樣道理，長於黑帽思考者，也不希望自己沒本事換戴別頂帽子。透過黑帽概念的凸顯，負面思維便只是思考的面向之一。

至此，許多讀者必然已經覺得，黑帽角色與傳統黑臉角色相去不遠。

……我很喜歡商業飛船這點子，但這會兒我要先扮個黑臉。

……我們都被興奮沖昏頭了。得有人出來扮黑臉，指

出咱們定價過高這個問題。

黑帽與黑臉確實有像，兩者與所有角色的平衡關係也雷同。從這角度觀之，負面只是思考的某個面向。然而，兩者存有一項重要差別。

所謂黑臉（devil's advocate，或譯魔鬼代言人），當初是教會法庭指派為被控異端邪教者辯護之人。而我先前說過，黑帽思考無關辯論，完全只是邏輯性的反面意見。

黑帽思維是為了補足整個思考地圖所需的黑色區塊。黑帽的任務與其他顏色毫無差異，必須認真執行。若因害怕抹殺某個主意而收斂黑帽思維，則將破壞六頂思考帽的全盤目的——將各頂帽子的功能徹底發揮。

第22章

黑帽思考
實質與方法

思考謬誤。

何以甲不會導致乙。

證據規則。

可能結論。

　　一如紅帽思考，黑帽思考可針對主題——本章稍後再談——也可針對思考本身，亦即思考方法。

　　……就我所知，這是個假設。

　　……我看不出你講的東西跟這事情有何關聯。

　　……我知道的數據跟你提出來的不同。

　　……那並非唯一的可能解釋，只是其中一種解釋。

　　……那些論點之間毋須存在合理關聯。

　　若規定思考者每做這類發言前都得正式宣稱戴上黑帽，未免愚蠢。無論明說與否，大家都該明白這類言論屬

於黑帽思維。

實際運用時，思考者最好把這類觀點歸納在一起，而非利用每個可趁之機見縫插針，那就淪為爭論模式。然後思考者可進行正式的黑帽發言，通盤列出眾人言論中的思考謬誤。

……現在我要戴上黑帽，因為我準備點出我在這場討論所發現的瑕疵。烈酒銷量下降確實可能與健康意識抬頭有關，但也可能是消費者改喝葡萄酒，或酒駕罰則更嚴格所導致。此外，伏特加大賣可能是廣告量提高，跟喜好完全無關。

……在我看來，各位不斷提出的，都是一堆看法、假設跟紅帽感受。

……那是不正確的。要免除權利金，研發必須是在愛爾蘭境內進行才有可能。

……我要以黑帽討論你這想法。你提出的數據是四年前的；樣本數太小；而且這些數據只反應南部地區。

我不打算列出邏輯及推論的所有規則，其中許多相當抽象，不盡切合實際。

我們可將基本規則簡化如下：

1. 基礎是否紮實、經過驗證？

2. 由此產生了任何衍生物嗎？

3. 此衍生物必然會產生嗎？

4. 是否存有其他可能衍生物？

「衍生物」，我指的是據稱由某事引起的任何事情，通常也就是結論。

……我們若加強判刑，就能減低犯罪。

這話似乎頗合邏輯。仔細探討，這衍生情形有可能發生，卻不必然發生。若被逮的風險很低，加重刑罰可能無效。法庭不加強判刑，可能喪失威信；但也可以說，提高威信可能對減低犯罪具有「某些效果」。這會兒我們要來評估，「某些效果」到底多大。若從監禁犯人提高的成本看，或許很低；但我們可以繼續探討：刑罰加重，是否可能導致犯罪反而惡化？如果刑罰很重，歹徒為免被捕，恐怕乾脆下手殺人。輕罪重判，可能會讓輕度犯變成重度犯。最後，與其把犯人關更久，不如把錢投入警力更能降低犯罪。

此例有趣之處在於：要找出別種推論與可能，其實是需要相當程度的想像力。

我在《本能・學習・理解：黑圓筒的秘密》（*Practical Thinking*，業強出版社出版）寫過，所謂證明，無非缺乏想像之代名詞。這不僅可用於封閉系統如數學，文字遊戲如哲學，也適用於其他領域如科學、法律。

要凸顯邏輯瑕疵，最有效方法之一即拿出別種解釋或可能。

……在很多國家，離婚數字確實跟洗衣機同步升高，這卻不見得代表洗衣機導致離婚。會導致這兩種上升趨勢的因素，也許是生活水準提高、社會進步、職場女性人數增多等等。

　　……沒錯，如果我們把價格拉高，銷售量可能下跌。但要是我們把它定位成精品，就有可能吸引到不同消費者；提高的業績將能彌補銷售量的減少。

　　這兒我們又回到白色思考帽底下所討論的「可能性」。點出另一種可能方案絕對沒問題，但絕不能說每個方案都具有同樣的可能性。牢牢記住：黑帽思考，絕非爭論。

　　思考地圖出錯該怎麼應付？

　　某甲相信，加重刑罰能減低犯罪；某乙覺得這是有可能、但未經驗證的假設。做出決定前，要設法找到佐證的統計數字或確切實驗（白帽思維）。若無法做出決定，則將各種觀點視為可能，全部攤在地圖上。如果證據太薄弱，可註明為一種看法；使用地圖者，可自行決定是否參考該看法。

　　……說假日旅遊會增加是個合理假設，因為家庭收入提高，孩子數目減少，航空旅遊比較便宜。

　　……大眾可能會對旅遊感到厭倦，因為新鮮感不再。他們也許寧可選擇前往國內「第二個家」的度假方式。

兩種可能性都列入記錄，兩種可以同時並存。即便這兩者相互排斥，仍應保留於地圖，讓確切證據或情感偏好做出決定。即使充滿爭議的事實，也可放上地圖——只要註明「爭議」即可。

第23章

黑帽思考
過去與未來的實質

這可合乎我過去的經驗模式？

是這樣嗎？

風險為何？

我們已從思考方法認識黑帽思維，現在我們從實質切入。

這些事實正確嗎？相關嗎？事實由白帽思維提出，但由黑帽思考檢驗。

……實際失業人口可能不止這個數字，因為同一個家庭的成員可能懶得登記。

……這一年六億的搭機人數完全不能指出飛行人數究竟有多少，因為其中有人經常搭機。再說，國內短程航行也包含在這數字裡。

……美國犯罪數字下降應該要跟每個年齡層的人口做

個對照。犯罪下降，可能是因為嬰兒潮已脫離十八到二十三歲的主要犯罪年齡層。

　　質疑數據跟報告，是黑帽思考簡單明顯的應用之一。此時黑帽思考的目的是指出事實有誤（如上述），或恐怕不適用。當事實作為一重大決策的依據，適用性卻可能——即便僅一絲可能——有問題，就有必要找出更可靠的事實或數據。黑帽思考並非如辯方律師一般蓄意製造疑慮，而是客觀地指陳不足。

　　許多經驗值無以量化，無法透過事實與數據呈現。黑帽思考便能指出與這類經驗背離的陳述。

　　……根據我的經驗，如果用錢作為獎勵形式，員工馬上把這視為正常薪資的一部分。

　　……就我的經驗而言，員工若感到老闆有看到自己的認真並以具體方式獎勵，就會加倍努力。

　　……當員工對獎勵抱著期待，除非確實有獎勵可拿，他們幾乎不會主動多做什麼。

　　前兩段陳述可能頗符合那些坐在一起討論激勵方案的人們的經驗，第三段可能不。

　　有必要強調一點：經驗是很個人的。不同的人，經驗或許不同；一種獎勵方式，在各個文化產生的效果或許很不一樣。

　　我們可能也需要指出：不同狀況會導致不同效果。獎

勵給得太頻繁,可能導致員工怠惰。在這諸多理由之下,經驗可能顯得矛盾,甚至相抵觸。

⋯⋯面對通貨膨脹,人們傾向儲蓄。

⋯⋯不對,這時人們存得少。

多數國家的儲蓄確實升高,美國卻相反。也許因為美國財務顧問很多,民眾比較善於理財;也許貸款利息本可抵稅,但通膨時期,利率有可能變成負的。

黑帽思維有時會意圖挑戰一些以絕對樣貌呈現的事務,如科學事實、研究結果、嚴謹資料等。

⋯⋯我認為那是錯的。大多數超市業績成長頂多兩、三個百分點而已。

有時,黑帽思考者是可以陳述個人意見的。

⋯⋯我發現在小公司工作有動力多了。你說大公司地方分權就跟小公司一樣,我可不贊成。

⋯⋯我得戴上我的黑帽告訴各位,這個提案完全不符我在化妝業二十年的經驗。你不可能讓同一個品牌同時出現在精品專櫃跟開架市場的。

黑帽思維也有義務指出各種風險、瑕疵,以及未來潛藏的問題。

⋯⋯如果我們不率先使用核武,俄國人就會拿傳統武器蹂躪整個歐洲了。

⋯⋯我必須指出,在整個離婚過程裡,你丈夫可能會

宣稱你不適任照顧小孩。

　　……英鎊若持續對美金貶值，利息就可能走高，對股市相對不利。

　　看未來不能不看過去，遂可能出現簡單的推論。

　　……點心零食的成長趨勢相當明確。人們逐步減少吃正式大餐，轉而採「游牧」型態：邊走就邊吃了起來。

　　……很多嘗試賣冰淇淋給法國的公司都倒了。我看不出這回有什麼成功的指望。

　　未來，也可從幾種趨勢的結合加以解讀。

　　……工作天數縮短，人們休閒時間增加，但高失業率表示許多閒著的人沒錢花，所以我們或許該規畫些便宜的休閒方式。

　　……我的黑帽思考告訴我，蘋果電腦想繼續生存就非得跟IBM相容不可；消費者會希望能用IBM出的所有軟體。

　　對於過去，我們可以十分確定──儘管從過去學到的教訓不見得適用在今天；對於未來，我們則得抱著懷疑。黃帽思維可以說是正面的懷疑；它很樂觀，能看到提案或決策可帶來的一切好事。黑帽思維的功能之一，就是拿出負面懷疑來與之平衡：「這些東西可能會出問題。」

　　……關於邁入個人電腦競爭的提議，我必須戴上黑帽告訴各位我的意見。首先，我們有生產能力嗎？我們有辦

法以合理價位進入市場嗎？我們的電腦能比對手好嗎？消費者憑什麼會想要買？

　　這兒出現的問句，或可稱為「負面質詢」。黑帽思考者等於在說：「我有這個負面觀點。看你能否說服我我是錯的。」

　　……你為什麼認為這個顧問會比前一個好？

　　……萬一日本進入民航市場會怎樣？

　　……等哪家大藥廠也跟進生產人工晶體的時候，我們還生存得下去嗎？

　　大多數的負面質詢也能換個講法，效果一樣好：「我看到某種風險……」

　　……我看到一個危機：對手會跟進我們的低價策略。

　　……我看有個風險，這政府補助隨時會中斷。

　　……我看會出現牛乳產量過剩的問題。

　　……我看有個危機：薪資調漲會造成生產成本提升，迫使咱們沒法兒跟人競爭啊。

　　……我看這六頂思考帽恐怕只會變成一種遊戲，不能激發任何真正思考來。

　　黑臉是個傳統的思考角色，預言災難的卡珊卓拉亦然，這角色就完全符合黑帽思考的負面懷疑特質。

　　面對黑帽思考拋出的負面意見，如何處理是好？第一個要謹記在心的是：這並非爭執，而是製作地圖的過程。

第一種回應法：面對，並同意。

　　⋯⋯沒錯，那危險性的確很高，萬一發生就糟了。我們絕對得記住這點。

　　第二條路：同意，但提出發生機率很低的平行觀點。

　　⋯⋯是有此可能，但我認為發生機率很低。我們測試這項產品已長達四年，任何失誤都早該出現了。

　　第三條：同意該風險，提出建議作法。

　　⋯⋯若競爭者跟我們比價，我們就推出超低價產品；當初我們這東西原本就是朝最低價格帶設計的。對手如果還想跟進，肯定要賠錢。

　　第四種方法：否定該風險的合理性。怎麼做呢？對某人之黑帽，還治以黑帽。

　　⋯⋯我不認為那會發生，因為這市場進入門檻太高，所有主要競爭者都已經在那兒了，我們都掌握得很清楚。

　　第五種方法：拿另一種替代觀點放在黑帽觀點之旁。

　　⋯⋯相對其他物價，油品降得比較低，人們確實有可能回頭買大車，但當他們習慣了小車的便利性，我相信小車市場不會消失的。

第24章

黑帽思考
負面的沉溺

站在負面要容易多了。

講負面東西有意思多了。

沒錯⋯⋯但是。

　　鋪設鐵路是很複雜的龐大工程，而隨便拿個堅固板子擺在上面就可能造成列車出軌。在鐵軌上放板子不需什麼特殊技巧，破壞永遠比建設簡單許多。負面意見也是如此。所以，當我們考慮黑帽思維時，不能不留意常導致「負面沉溺」的負面吸引力。

　　負面思考很迷人，因為成果立即而完整。證明別人不對，立即帶來一股滿足。提出有建設性的意見呢，在沒人喜歡或你能證明有效（那需要時間）之前，很難看出什麼成果。

　　攻擊別人的意見讓你瞬間感到優越；若是稱讚人家，

則似乎讓自己比對方矮了一截。

要批評，實在簡單；你只要選個角度，再證明別人的提議是多麼不符合這個角度就行了。

……此刻我們需要的是個簡單、實際的想法，而你剛提出來的東西實在太細微太複雜，根本不可行嘛。

而當人家提的意見明明很簡單直接，批判者的評論角度又換了。

……就這狀況而言，這想法實在太過單純，簡直像幼稚園水準。我那六歲兒子都可以想出更好的呢。我們必須把所有因素考慮進來啊。

注意上述兩種反對意見多少都比提出新的想法容易，也請注意，兩種批判皆並非針對意見的實質內容，僅泛泛指稱「太複雜」或「太簡單」。而令人訝異的是，現實中很多評論卻正屬這一型。這類思維應置於紅帽，不該放在黑帽下面。

……我不喜歡你的提議，就是這樣。

很多很多的紅帽思維常冒充黑帽思考。

……如果你只能說到這樣，我們就得當作紅帽思考看待，不是黑帽。你可以表達感受。

做一套不合身的西裝，要比做一套合身的容易多了。這就直接帶到「沒錯……但是」這個用語。此時，負面思考者無視提案主要部分，即便那其實極有價值且極為可

行；他忙著挑剔的小地方反而不見得有問題。

……這本書寫得還好啦，但我真不懂她怎麼會挑這麼荒謬的書名，既點不出主題也跟內容無關，簡直像那種廉價愛情小說才會用的。

……整個預算的不合理，從外帶食物也要課稅就可以看出。冷的食物不課稅，因為那只是食材；一旦加熱就得課稅，原因是它這下子成了頓「飯」，不再只是食材了。

常有人辯稱，會點出這些枝微末節也是善舉，因為那等於在講：「其他部分都沒問題，所以只要你把這小缺點改善改善，整個就非常完美啦。」設計師或作家精雕細琢作品時都是這麼做的，而若人家東西都做好了你還要挑三說四，無異有此心態：「我就是要挑出毛病來。」

拿上述速食徵稅的例子，我們也可看出另一種心態。負面思考者意圖形塑自己不過只舉滄海一粟為例；藉著指出這個例子之荒謬，整個稅制也同等不合理。那就等於在說：「會做這種蠢事的絕對是個蠢人，所以呢，他做的所有一切都很蠢。」

這些例子顯示了負面思考者明顯幼稚的耽溺；其他例子還很多，像有人習慣某些用語（「站不住腳的」、「所謂」、「孩子氣」等）與譏諷（「出於好意」等）；也有人喜歡這麼批評不懂新事務的人：「國王穿新衣啦」。

負面思考之可怕以及辯論法，我在新書《衝突：更好

的解決之道》（*Conflicts: A Better Way to Resolve Them*，譯
註：*此書出版於一九八六年*）有詳細探討。

黑帽思維旨在提出正經的負面思考，而非此處所談這
類幼稚的負面沉溺。

「對……但是」的正經版是：有時無論如何必須指出
某種風險，儘管其發生機率很低。

……我曉得你已經測試了這些渦輪葉片用在噴射引擎
的表現，但這些新型碳纖葉片，是否足以承受側面鳥擊的
衝擊呢？

……也許他是雙面諜；這儘管不大可能，卻絕非毫無
可能。我們得多提防。

……現在書籍愈來愈貴，當禮物也頗合適。我想這是
可行的。

我在白帽思考那兒處理過「可能性」；只要妥善陳述
前提（闡明發生機率），就大可提出「對……但是」這種
負面評語，提醒眾人該留意或改善之處。

第25章
黑帽思考
負面、正面，誰先？

負面先？正面先？

黃帽是不是應該比黑帽優先？

恐懼與安全。

好奇及探險。

小孩會留意到——並且抗拒——他們熟知故事的任何一絲異動。重複帶來安全感。

我們可合理假設，陷入恐懼的動物，本能會以熟悉的戰鬥或逃跑模式反應。砲火中的士兵應該嚴守軍紀。

負面心智，可是一種對已知事物的全面服從？

思考者應置何者為先：嚴守負面監督的黑帽，抑或熱中正面探險的黃帽？

有人認為黑帽當然優先，才不致把時間浪費在根本行不通的意見。這種負面過濾法正反應絕大多數人的思考模

式，就實務面而言，也的確快速有效。當資格比成就重要時，負面過濾比較省時。

從新提案裡找毛病，要比從中找優點容易多了。所以若先戴黑帽，新案可能就此告終；當心態被導向負面，再難看見正面。這或許是因為大腦化學組成已調整為「恐懼」及「保險」模式。

所以，要考慮新點子或改革創新，最好先戴上黃帽，黑帽其後。

……等時機成熟我們會用上黑帽思考，但此刻，我要大家先把黃帽戴上。

……那是黑帽思維，請過一會兒再提。

……不管多有道理，現在我都不允許任何黑帽干擾。自己先記下來，待會兒再提。

等新點子跟其利益全部攤在眼前，黑帽思維即可派上用場。我要強調：在黃帽思考階段，所有人都得參與；不是眾人冷眼旁觀提案者單獨戴上黃帽陳詞，各自則迫不及待想趕快戴上黑帽批評。

……你完全沒吭聲，我想聽聽你的黃帽意見。

或許有人說，要是某個點子能通過黑帽的負面「評判」，就肯定是好點子，這時黃帽思考也顯得多餘。這種以為提案自是伴隨一切優點擺在托盤任我們檢驗的假設，錯。事實上，要挖掘任何想法的好處，需要可觀的想像力

與開放的胸襟。所以硬性規定的黃帽思維有其存在必要
──也所以，它必須優先出場。

等提案獲得充分表達，黑帽可以兩種形式登場。第
一，審核提案可行性：

……這個構想合法嗎？

……這點子行得通嗎？

……這構想可有任何好處？

……這值得做嗎？

我刻意點出好處；若沒有好處，即便可行也不切實
際。待確立可行後，黑帽思維即可指出不足，謀求改善：

……若是那樣做，我們每個月底就得面臨堆積如山的
工作量。

……除非給每個想買電話的人一組密碼，不然整個系
統就要癱瘓了。

讓規畫更加完美，是黑帽的正面用途之一。改進設計
當然不只是除掉缺點──想像種種利益並努力達成乃更為
關鍵；但不可諱言，找出瑕疵加以修正，確是設計流程的
重要環節。

做到比修正更好，這情況偶爾也會發生；你可能化危
機為轉機或另一種優點。而這就需要混合運用綠色帽子
（創意）與黃帽思維了。

黑帽則無關解決問題──它只負責點出問題。

第26章
黑帽思考摘要

　　黑帽思維明確關乎負面檢驗。它指出哪兒有誤，不正確，有問題。黑帽思考者點出某事如何有違經驗常識；指出某事何以不可行；指出潛藏之風險代價；指出某規畫存有何種瑕疵。

　　黑帽思考並非爭辯，我們絕對不該如是看待。它是將負面因素擺在地圖上的客觀意念。

　　黑帽思維可點出思考過程的謬誤，也可指陳思考方法本身。

　　黑帽思考可將一提案與過去比較，以已知作為檢驗條件之一。

　　黑帽思考可將提案投射於未來，設想可能出錯之處。

　　黑帽思維可提出負面問題。

　　黑帽思維不應作為負面沉溺之面具，也不應拿來遮掩本應放在紅帽之下的負面情緒。

正面評估留待黃帽負責。面對新點子，黃帽應永遠先於黑帽登場。

第27章
黃色帽子
正面的懷疑

正面思考。

黃色代表陽光，明亮。

樂觀。

焦點放在優點。

建設性思考，創造事物。

持正面態度是一種選擇。我們可以選擇正面看事情；我們可選擇把焦點擺在事情的正面；我們可以尋找優點。

就態度而言，黃帽與黑帽截然相反。黑帽關注負面評估，黃帽則站在正面。遺憾的是，本性驅使我們傾向負面，負面思考可讓我們避免犯錯與風險。正面思維必須包含諸多元素：好奇、歡樂、貪心、「創造事物」的強烈慾望。我們可以說，人類進步端賴這種創造事物的念頭。在我那本探討成功的《戰略：成功的藝術與科學》（*Tactics:*

The Art and Science of Success）裡有說，成功人士的特質之一，正是這股創造事物的澎湃慾望。

我予黃帽「正面懷疑」的註解，因為我們在談一切規畫行動時是看向未來；未來是這些規畫與行動展開的舞台。而對於未來，我們卻無法如對過去那般肯定，我們不得不抱持懷疑。我們打定主意要做某樣事情，因為它值得去做。而我們對這所謂的「值得」進行的評估，即構成那所謂正面懷疑的「正面」部分。

即使面對發生過的事情，我們依然可選擇從正面看待，或做出正面解釋。

……這件事的好處是我們知道他會怎麼做了，再也不用瞎猜啦。

……請大家把黃帽戴上，來瞧瞧正面光景。柯達決定進入快照市場，想必會大作廣告。那會提升大眾理解快照的優點，也有助咱們的產品銷售──尤其當消費者體認到咱們品質比柯達還好時。

……沒通過那考試該是她生命最棒的事情了，她當老師是絕不可能快樂的。

有那麼一小撮人，天生擁有正面性格。多數人會表現正面，無非是在提出自己意見、或從某件事看見對自己的好處時。自利乃正面思考的強烈基礎，黃帽思考則毋須等候這類動機。黃色思考帽是思考者可選擇採用的設計，其

正面在於能先結果一步，不必看到提案的優點。黃帽優先。思考者戴上黃帽，依照黃帽規定，抱持正面樂觀。

　　拿我之前的上色比喻來說，黃帽為地圖塗上黃色，正如紅帽上了紅色。

　　……在你做任何事以前，我要你先戴上黃帽，說出你對這新作法的意見。

　　……你已經講了一堆你不喜歡這點子跟它八成會失敗的理由。現在請你把你的黃色思考帽緊緊戴好。這會兒，你看到了什麼？

　　……從黃帽角度，你能不能看到用塑膠代替金屬製模的優點？兩者成本差不多。

　　……我想出用兩包裝成一袋賣洋芋片的點子，卻似乎沒人贊成。你能不能幫我用黃帽推銷一下？

　　……此刻我不要什麼平衡觀點或客觀意見，我只要徹底的黃帽思維。

　　……我的黑帽跟我說，這新的廉價打火機恐怕有害咱們業績；但黃帽告訴我，這便宜打火機可以破壞中間市場，讓某些消費者不得不進入較昂貴的市場，那咱們就賺到了。

　　……這節骨眼要戴黃帽並不容易，但報業罷工可能會讓大眾領悟到他們有多懷念報紙，報紙在某些方面確實比電視好上許多。

雖說黃帽思維是正面的，卻也跟白帽黑帽一般，需要同等約束。不是一有意見提出，就拚命進行正面評估，而是得慎重地尋找正面優點。這番尋找有時也會落空。

　　……我正戴著我的黃色思考帽，但我實在想不出任何正面利益。

　　……我會把黃帽戴上，但我不覺得能找到任何優點。

　　可能有人說，優點如果不夠明顯，就沒太大價值；也有人會說，幹嘛傷那麼大腦筋去拚命找些沒多大作用的好處。這些都是不夠了解知覺之故。有些一流的好處，乍看毫無形跡。企業家厲害就厲害在此：他們能看到旁人渾然不覺的價值所在。價值跟好處，絕非明顯易見之事。

第28章

黃帽思考
正向光譜

樂觀什麼時候會變成愚蠢？

從有希望到有道理。

何謂實際？

有些人呢，儘管明知被騙，卻還是喜歡騙他們的人；他們覺得這人真誠，得騙人也情非得已。他們懷念這人的能言善道，懷念自己如何沉醉於這人的天花亂墜。

有一種人像快樂小天使，樂觀到近乎蠢。有人認真盼望贏得樂透大獎，簡直把生命繫於這一線希望。有企業家看到阿司匹靈市場如此龐大就覺得只要分得一小杯羹，一切投資也絕對值得。

究竟在哪個點，樂觀變成了愚蠢可笑的希望？黃帽豈不該予以限制？黃帽思考不也該想想發生機率？把這類東西都留給黑帽，合理嗎？

正面光譜的一端是過度樂觀，另一端是邏輯實際。我們要小心使用此光譜。翻開歷史，處處可見因不切實際的夢想而激起的奮鬥終究使得夢想成真。我們若局限黃帽於可靠的已知範圍，很難期望有何進步。

重要的是看樂觀能帶來什麼行動。若這行動差不多等於希望（就像希望贏得樂透、希望某個奇蹟能挽救企業），樂觀可能放錯了地方；若這樂觀還導致了某些行動，情況更不堪設想。過度的樂觀往往導致失敗，卻也並非絕對。成功之士，正是那些盼望成功之人。

……有那麼一絲機會有人能逃過這場迫降，我們一定要去找找。

……這個新黨可能會分散對方陣營的得票數。

……如果我們大力投資促銷這部影片，應該可大獲成功。

……這部車有機會獲選年度風雲車種，我們應該準備好後續宣傳。那也許不會發生，但我們得做好準備。

跟其他思考帽一樣，黃帽旨在為那抽象思考地圖著色。基於這個道理，樂觀建議應予以註明，擺進地圖。之前沒必要細細評估，倒是可以用個大致機率加以標誌。

我們可將發生機率簡單分類：

經過驗證

極為可能，根據已知及經驗

機會不小──透過幾件事情的組合

一半一半

有其可能

機會渺茫

這與之前用在白帽思考的光譜有點類似。

我們可選擇完全不支持機會很低的議案，但這項提案必須擺在地圖上。它在那兒，我們可以拒絕，也可以設法強化其發生機會。如果它不在地圖上，我們就沒得選。

……我知道他非常忙，要價也很高，但只管去設法請他來當開幕貴賓就是了。搞不好他會答應，最壞也不過就是回絕罷了。

……每個女孩都想當明星，真正當上的沒幾個，所以成功機會不大。話說回來，有人辦得到；你要真想的話，就儘管去做吧。

……你不大可能在某個村莊古董店找到什麼被埋沒的藝術珍品，但大多數的藝術寶藏卻也是在沒人想像得到的地方給發現的。

第29章
黃帽思考
理由及邏輯支撐

你這正面觀點的基礎何在？

你為什麼認為事情會那樣發展？

樂觀的背後原因。

　　正面評估也許基於經驗，也許基於既有資訊、合理推斷、線索、趨勢、猜測、期望。那麼，黃帽思考者需要解釋其樂觀背後的理由嗎？

　　不解釋理由，這些「好感覺」則無異於紅帽底下的感受、直覺、預感。黃帽思考應該要多做一些。

　　黃帽思考提供正面判斷，戴黃帽的思考者要竭力為自己的樂觀取得最大支援。這番努力應該徹底且本著良心，但黃帽思考對象並不限於那可充分解釋的觀點；換言之，出於樂觀的論點也值得全力支持。要是不成功，這些論點仍可列為猜測，繼續放在思考地圖上。

黃帽思考要強調的是探索，以及正面揣測。我們努力找出可能利益，繼而設法使之合理，以強化最初提議。這番合理支持若不能透過黃帽取得，恐怕哪兒都找不到。

　　⋯⋯我的黃帽思考認為，煎蛋捲會是很棒的速食餐點。如果要找理由支持這看法，我大概會說是大家開始注重飲食跟偏好輕食，也會說現在大家早餐比較不愛吃蛋，其他時間吃蛋的機會就相對提高。

　　⋯⋯何不考慮出一系列的行動手套？不光只是保暖，還有修車用手套、飲食專用、做家事用等等。現在大家得親自動手的機會更多，卻也更注重自己的外表跟肌膚保養。

第30章

黃帽思考
建設性思維

創造事物。

提案與建議。

想像八位善於批判的聰明思考者同坐一室,要討論改善都市供水的方案。沒人拋出提案前,這些敏銳心智都沒法兒運作;提案既出,受過嚴格訓練的聰明便可全力發揮。問題是:提案究竟打哪兒來?誰受過提案的訓練?

批判思考乃思考重要環節,卻絕非全部。我極反對以訓練批判心智為滿足的觀念。西方思考一直以來便如此,實為不妥。

黑帽思考涵蓋批判的思考層面。在談黑色思考帽時,我再三強調:戴上黑帽的思考者必須全力扮演好這角色:盡可能鋒利批判。這是思考很重要的一部分,絕不能掉以輕心。

而建設性、生產性的層面，則由黃帽思考負責。透過黃帽思考，我們有了點子、建議、提案。而稍後我們會看到，產生新點子方面，綠色帽子（創意）也舉足輕重。

　　建設性思考會放在黃帽下，因為就態度而言，所有建設性思考都是正面的。提案是為了讓事情更好，也許是為了解決某個問題，也許是企圖做某種改善，也許是想利用某個機會。總而言之，提案的動機，是想帶來正面改革。

　　黃帽思考某個層面屬於回應思考。跟黑帽的負面評估對應，黃帽做的是正面評估；對擺在眼前的意見，黑帽盡挑負面，黃帽思考者則尋找所有正面。我在這個章節就要探討黃帽思考一個不同面向——建設性層面。

　　……要改善供水，我們可以在艾爾康河上蓋一座水壩，在那兒建一個蓄水庫。

　　……五十里外那座山有豐富水源。做接水管是否可行？

　　……一般沖水馬桶每次沖水要用掉八加侖水左右，現在有些新款馬桶只需一加侖，等於每人每天可省下三十加侖用水，或全鎮一天九百萬加侖。

　　……水資源回收如何？我聽說有種新的膜處理，很合乎經濟效益，也可解決處理問題。我是不是應該進一步做相關了解？

　　上述每一項都是紮實建議。建議一上桌，就可進一步

延伸，最終交由黑帽與黃帽評估。

　　……各位請戴上黃帽，給我更多具體建議，愈多愈好。

　　……約翰，你有什麼建議？我們該怎麼解決這問題？把你的黃帽戴起來。

　　此時也許有人會說，提案應由「水專家」提報，那不是外行人的事；這些外行人要做的是運用批判思考，審視專家送來的提案。這種說法根本是政治語言；技師負責提供主意，政治人物就坐那兒負責論斷。政界或許還真有這樣一種角色，卻犧牲了專家的決策權。在其他領域如商業或個人思考，思考者即自身，提供意見之責無可旁貸。

　　提案跟建議打哪兒來？黃帽思考者如何想出解決之道？

　　這本書沒地方探討設計方法跟問題解決，我在我其他著作另有觸及。黃帽提案並不需要多麼特別或聰明，它可以是處理類似問題的傳統方法，可以是別處用過的已知辦法，可以是把幾種手法融合而出的特別方案。

　　當黃帽引導思考者去尋找提案，要找到提案或許不難。

　　……摘掉你的黑帽。別再評估現有這些方案；戴上黃帽，拿出其他提案吧。

　　……戴著黃帽，我建議交給私人企業，讓他們以競爭

價格來賣水。

　　……不，我們還沒打算切換到黑帽思考，我不認為我們已經想過一切可能建議。沒錯，我們是打算邀請專家顧問，但我們得先擬定一些可能方向出來。所以這會兒仍屬於黃帽建設性思考時間。

　　因此，黃帽思考既產出提案，也負責正面評估各個提案。兩者間尚存另一個層面，這第三層面即發展或「打造」提案；這個層次高於對提案被動評估，是進一步的建設，將提案修正、改良、加強。

　　在黃帽思考的改良層面下，包含對黑帽挑出瑕疵的修正。我之前強調過，黑帽思維盡可挑毛病，卻沒有修正義務。

　　……我們要真把供水權交給私人企業，萬一將來演成一家壟斷，價格隨便他喊，恐怕公家得付一筆天價才能善了了。

　　……我們可以先訂定價格上限做個預防。以今天的價格為基準，容許通貨膨脹的考量計算。

　　我要強調：黃帽這種建設性思考，並不需要特殊的聰明才智。唯一需要的，是提出具體方案的堅定意志；提出的方案再普通也不要緊。

第31章
黃帽思考
投機

深深看向未來。

「如果」的價值。

最佳可能狀況。

　　投機必然跟推測與希望有關。就本性，投資人天生投機；也許這個詞兒用在建商跟貨幣操盤手還嫌保守了些。投機性強的建商連第一個顧客在哪兒都不知道就蓋了房子，接著才開始去找買家。

　　任何投機者對潛在獲利必然抱著強烈直覺，也擁有希望。

　　黃帽思考不只是判斷跟提案，還是一種態度：抱持信念，勇往直前。黃帽思考設法能看到任何利益與價值；一旦有那麼驚鴻一瞥，便毫不遲疑朝那兒展開冒險。

　　客觀判斷，截然不同於尋找正面價值的企圖心。我以

投機形容黃帽思考的，便是那不斷努力往前往外探勘的精神。

　　⋯⋯最近有一種新的速食開始走紅，用墨西哥手法烹調雞肉餅。你戴上黃帽，跟我說你看到了什麼。

　　⋯⋯市面上各式保險多到民眾目不暇給，咱們是不是可以拿出一種「大衣」式的保險，什麼都涵蓋進去。你帶這點子回去用黃帽好好思考一下，再回來說你想到了什麼。

　　黃帽思考這投機面向可謂純粹的機會思考，不屬於問題解決跟改進的範圍。我們被迫得解決問題。沒人被迫尋找機會，但只要願意，任何人都有此自由。

　　投機思考絕對會先評估最佳可能狀況，這樣才知道這點子最多能帶來多少利益。如果在最佳可能情況下也沒什麼賺頭，就不是值得努力的主意。

　　⋯⋯在最佳可能狀況中，另一家店被迫退出，咱們獨霸這個區域的市場。但我看不出那會帶來什麼可觀利潤。現在那家店的生意頂多能餬口而已。

　　⋯⋯最佳可能情況下，利息快速上升，我們的可轉讓定息房貸可以讓屋主輕鬆脫手。

　　若最佳可能狀況的利益誘人，接著就要評估該狀況發生機率多高——利益又是否真能如預期發生。

　　黃帽思維從投機面設想了最佳可能情況與最大利益

後，就可從「可能性」進行比較務實的評估。最後再由黑帽思維點出可疑之處。

機會常生於探索事態未來發展之時；也出現於「若」某事發生，或某種狀況改變。

……「若」利息下降，債券就會漲價。

……「若」油價下跌，大車就比較好賣。

找出可能存在哪些個「如果」，也是黃帽思考的投機功能之一。

我們絕不該拿「如果」的探索當作行動或決策的依據；即便有時的確有其需要，如購買避險基金或火險。那就是黃帽要探勘的一部分。

黑帽也研究「如果」，而焦點在於風險。黃帽則研究風險的另一面，我們稱之為機會。

……這家連鎖旅館怎樣可以獲利？

……若衛星廣播可用，能為廣告主帶來哪些新契機？

黃帽投機層面也關乎願景（vision）。

稍早之前，我提過黃帽思考扮演的夢想、願景。就某個層次而言，願景超越投機；即便機會渺茫，願景仍可設定目標。

任何規畫之先，都存在某種願景。優秀的業務員會先勾勒一幅圖畫，邀客戶分享；規畫師向自己推銷某種正面夢想。先有願景，隨之產生形式、細節。願景涵蓋利益及

可行性：這案子很值得做，我們絕對辦得到。

缺乏價值跟使命感的話，難成任何事。

……我有個願景：打造誘人的低成本住家。我也相信我知道該怎麼做。

……我期盼一種新的經濟型態，將使我們得以新的方式管理財富及生產力問題。

……我夢想讓思考成為所有學校的基礎科目。某些國家已經開始這麼做了。

願景帶來的激勵遠超乎客觀評價。願景為思考及行動設定方向，這便是黃帽思考第四個面向。

第**32**章

黃帽思考
與創造力的關係

建設性與創意之別。

成效及改變。

新點子與舊點子。

創意不在黃帽思考的核心。思考之創意層面主要由綠色思考帽負責，我們稍後即將談到。

是的，黃帽思考的積極面向乃創意要素；沒錯，黃帽思考的正向評估與建設性觀點乃創意不可或缺。儘管如此，黃色思考帽與綠色思考帽仍有明顯區別。

某甲可以是極優秀的黃帽思考者，卻完全不具創意。把這兩種顏色的帽子搞混，代價很高；那會讓一個缺乏創意的人以為：自己不適合黃帽思考。

創意涉及改變、創新、發明、新點子、新選擇。某甲可以是頂尖的黃帽思考者，卻從未發想出任何新點子。善

用既有點子，是黃帽思考的適當發揮；這些點子不必是全新的，你甚至根本毋須去找新點子，黃帽思維旨在以正面態度完成事情。就黃帽思考而言，效能遠比新意重要。

　　「創意」（creative）這個詞在英文裡所指甚廣，不免引起一些困惑。其中有兩個相差甚遠的含義，第一個指「帶出某種東西」，照這解釋，某人可創造混亂，木匠可創造椅子，企業家創造一座企業。第二種層面：「嶄新」。這下子又讓人糊塗了，因為嶄新也有兩種。第一種新，跟之前狀況不同；舉例來說，你們公司有了個「新」的聯絡系統，但這套東西其他幾千家公司老早就在用了。新的第二種層面，則是絕對的嶄新，比方某個前所未有的發明或概念。

　　談到藝術家，會碰到兩難。舉例而言，某畫家顯然帶來一種前所未有的新元素，其作品跟以前的絕對不盡相同，於是這算「嶄新」。畫家或者風格強烈，以此風格畫出人們熟悉的風景，帶來了新意，但該畫也許並沒有任何新的概念。就某個意義而言，畫家可說是某種風格的生產線。

　　黃帽思考很在乎把事情提出來。黃帽思考也許會借用別處曾用過的點子。面對問題，黃帽思考也許會綜合找出不同方案。黃帽思考甚且可能會定義機會。而黃帽思考不會改變觀念或認知，那是綠色思考帽的功能。

正面看待事情，這種態度也可能激發新的領悟；這倒是有可能發生在黃帽思考身上。

……那杯威士忌並非半空，而是半滿。

黑帽思考可指出某個謬誤由黃帽思考加以修正，黃帽思考也可定義某機會，交由綠帽思考以創新手法開發。

……愈來愈多人得在城市停車。我們如何能從中獲利？

……假如我們能讓更多商務旅客上門住宿，就能提高住房價格。那要怎麼吸引這類客人？咱們先提出一般的點子，再戴上綠色思考帽想新點子。

第33章
黃帽思考摘要

黃帽思考正面而積極。黃色象徵陽光、明亮、樂觀。黃帽思考關乎正面評估，一如黑帽思考關乎負面評估。

黃帽思考涵蓋的正面光譜，一端是邏輯與實際，另一端乃夢想、願景、希望。

黃帽思考深入探索潛在的價值、利益，找到後再努力尋找邏輯論述。黃帽思考設法拋出有合理基礎的樂觀，卻不受此限——它也盡可提供任何形式的樂觀。

黃帽思考富建設性及生產力。黃帽思考帶來紮實的提案與建議。黃帽思考關乎行動技巧，具體實踐。對充滿建設性思考的黃帽來說，成效是主要目標。

黃帽思考可以從投機角度出發，尋求任何機會點。黃帽思考同時也允許願景和夢想。

黃帽思考不包括純粹的正面陶醉（紅帽），跟創造新點子（綠帽）也不直接相關。

第34章
綠色帽子
創意及水平思考

新點子，新概念，新領悟。

新點子的努力孵化。

替代方案，更多的替代方案。

改革。

看待問題的新角度。

綠色代表豐饒、茁壯，從微小種子長大的植物；所以，我選這顏色象徵以創意為主的綠色思考帽。大自然無窮的創造，正可作為背景意象。

綠色思考帽的焦點在新的想法，看事情的新角度。綠帽思考揚棄舊思維，以尋獲更棒的想法。綠帽思考關乎變革。綠帽思考是為了朝此方向前進，刻意而專注的努力。

……咱們來想些新點子。請戴上各位的綠色思考帽。

……我們動彈不得啦。我們一直困在些老想法中，非

得找出新的途徑不可。事不宜遲，該是綠色思考帽上場的時候了。

……針對這問題，各位提出了一些傳統方案，我們待會兒再來看。這會兒我們先用十分鐘做個綠帽思考，看能不能想出截然不同的新方法。

……這得要綠色思考帽來解決。

我們需要創意，因為別的都不管用了。

我們需要創意，因為我們認為能有更好、更簡單的處理方式。

以更好的方法處理事情，這股強烈意念該是鼓動我們思考的泉源；但運用創意，有時得憑藉人為的聚焦手法。綠色思考帽允許我們轉換為「創意」角色，正如紅帽讓我們切換至「感情」角色、黑帽至「負面」角色。

實際上，在所有的思考帽當中，我們可能最需要綠色這頂。進行創意思考時，或許得故意用些不合理的點子當餌，所以有必要先讓大夥兒明白，我們刻意扮小丑是為了激發新的想像。即便未能達此目的，新點子仍須仰賴綠帽呵護生存，否則將如秧苗遭逢霜害，立即遭黑帽橫掃。

我之前多次提過，六頂思考帽的指涉作用有多方價值。你可以要求某人戴上某一頂帽子，進行那般思考；你可以點出當下似乎需要哪一頂帽子；你可以示意他人，你準備採取哪種思考模式——大家便知應如何妥善回應。而

最重要者，是你也可以向自己示意。這在綠色思考帽格外重要。你刻意戴上這頂帽子，表示你將刻意撥出時間進行創意思考，那跟坐在那兒乾等靈感來臨絕對不一樣。也許綠帽戴了半天也沒出現任何新點子，重點是有做這番努力。漸漸習慣之後，你會發現成果開始豐碩。如此，創意不再只是奢望，而是思考過程的正式一環。

多數人覺得創意思考很難，因為那跟我們習慣的認可、評斷、批判相反。大腦被設計成「認可機器」：建立模式，加以應用，抵制一切「有違」既有模式的事物。多數思考者寧可保險，希望自己是正確的。創意會涉及挑戰、探索、冒險，涉及「思考實驗」；誰都不曉得實驗結果如何，但你希望做做看。

……記住喔，現在我戴著綠色思考帽，所以我可以講那類東西。這是綠色帽子的意義。

……我們不是該戴著綠色思考帽的嗎？怎麼大夥兒都這麼負面，這不成了黑帽思考？

……我的綠帽建議是發一筆可觀津貼給出獄的長期囚犯；那可幫助他們回社會重新做人，讓他們有所顧忌，不致魯莽再犯。各位要覺得這想法很荒唐，也沒關係。

……頂著綠色思考帽，我想建議我們把業務團隊整個開除。

綠色思考帽本身不能使人變得有創意，但能為思考者

提供創意所需的時間及專注。當你花工夫尋找其他方案，就頗有機會找到更多。很多時候，有創意的人不過就是花更多時間嘗試創意的人，因為創意容易激發他們。綠色思考帽便是一種人為的激勵。激勵人想出創意固然不易，叫人戴上綠色帽子提出綠色思考卻一點兒也不難。

創意不只是正面樂觀。正面與樂觀的感覺屬於紅帽；正面評估屬於黃帽；綠帽思考則需要確實的新點子、新角度、更多替代選擇。

白帽思考之下，我們期望獲得中立客觀的資訊；黑帽思考讓我們期待確切批評；我們希望透過黃帽思考得到正面評價，儘管不見得絕對能夠；我們希望經由紅帽得知所有相關感受，包括中立情感在內。而綠色思考帽卻不能要求獲得，只能要求付出。我們可要求撥出時間發想，但思考者不見得能想出任何創意。重點在於：我們有撥出時間，做這番努力。

你不能命令自己（或他人）想出新點子，但能命令自己（跟他人）花時間嘗試去想。綠色思考帽正為此提供一條正式出路。

第35章

綠帽思考
水平思考

水平思考及其與創意之關聯。

幽默與水平思考。

自我組織資訊系統的模式切換。

我用創意來探討綠色思考帽，因為大家熟悉這名詞。讀者可能不曾聽說過我，也不熟悉水平思考的概念。

同時我也想指出：綠帽思考涵蓋廣泛的創意努力，並不僅限於水平思考。

我於一九六七年發明「水平思考」一詞，如今成為正式英語詞彙，牛津英語辭典（*Oxford English Dictionary*）提及我是該名詞創始人。

會創造「水平思考」一詞，乃出於兩個必須。第一，如我在黃帽思考所指出：「創意」一詞過於廣泛且流於模糊，從製造麻煩到作曲，似乎無一不可納入。水平思考則

精確指向觀念、認知的改變；這些是由歷史決定的經驗組成（模式）。

第二個必須原因：水平思考直接根據自我組織資訊系統中的資訊行為（information behavior），水平思考是非對稱模式化系統（asymmetric patterning system）中的模式切換（pattern switching）。我知道這聽來過於技術性，想運用水平思考並不需先懂其技術基礎；這些解釋，是為了那些堅持要了解其基礎的人。正如邏輯思考建立在符號語言行為（那是一種特殊領域），水平思考也建立在模式化系統行為（那也是一種特殊領域）。

實際上，幽默感與水平思考這兩種機制關係非常密切；兩者都仰賴認知模式的非對稱本質。因此，我們才得以大幅跳躍，撥雲見日。

水平思考技法（各種形式的刺激、「轉移」），跟模式化系統作用直接相關；透過這些技法，思考者不僅能循既有模式，且能跳躍其中。當思考者穿梭跳躍找出了頗為可行的全新模式時，新大陸就在眼前了。

我們的思考多被導向「處理」層面，也由此發展出各種優異系統如：數學、統計、資料處理、語言、邏輯。但這些處理系統，都必須憑藉認知提供的文字、符號、關係才能運作。認知，將周遭複雜事物簡化為這類形式。水平思考發揮作用嘗試改變既有模式，就是在這塊認知區域。

水平思考涉及態度、觀念、步驟、技巧。我曾在其他多處提及（如《水平思考》〔*Lateral Thinking*〕與《創意有方：水平思考談管理》〔*Lateral Thinking for Management*，天下出版社出版〕），此書不宜贅述。

　　但我在後面章節會探討幾個水平思考的基礎論點，因為它們也是綠色思考帽的運作根本。

第36章
綠色帽思考
轉移取代評斷

以概念為墊腳石。

這會帶我往哪兒走？

點子的往前效應（forward effect）。

　　一般思考中，我們運用判斷：這概念跟我已知者相比如何？與我既有的經驗模式相比如何？我們判斷它確實屬於既有，或指出不符之處。批判思考與黑帽思考就是直接檢驗某個建議是否合乎已知。

　　這可稱之為概念之回溯效應（backward effect）。我們回顧過往經驗，作為評斷基準。一如形容詞需適合形容對象，我們也希望新點子符合我們所知，否則何以判別是非？

　　對多數思考來說，評斷（無論黃帽或黑帽類型）非常重要，是後續所有思索的起點。然而，綠色思考帽必須採用另一種概念，以轉移（movement）取代評斷。

轉移是水平思考的關鍵概念，也是我發想出的另一名詞。我得鄭重澄清，轉移絕非欠缺評斷。早期不少創意思考研究談及如何延遲做評斷，我認為那些理論都過於薄弱，因為根本沒指出該怎麼做——只講不該怎麼做。

轉移是積極的。我們會採用某個意見，正因其具備轉移價值。有幾種方法可找出轉移價值，包括汲取原則、專注於差異等等。

因為這股轉移能量，一個想法才具有往前效應。我們採用某個想法，看它會把大家帶往何處，能創造出何種局面。這想法讓大家往前邁進。一如踩著踏腳石過河到彼岸，我們藉著刺激改變模式。

我們即將發現，刺激跟轉移其實是合作伙伴。沒有轉移概念，我們無以使用刺激；除非使用刺激，否則我們將始終困在既有模式裡。

……我要你用那點子的轉移作用，別管評斷。假設大家全都變成警察。

我在一九七一年四月《紐約雜誌》（*New York Magazine*）封面故事提出的「守望相助」（neighbourhood watch），正是一種刺激手法。如今，全美兩千多個社區落實此一概念，民眾充當警察耳目——以防範鄰近犯罪。據說那些社區犯罪率皆有顯著下降。

……假設我們把漢堡肉做成方形。你能從這點子想出

什麼轉移價值？

　　……假設有種可轉讓保險債券，持有人可直接賣給另一人。來些綠帽思考吧。

　　這也許會衍生出讓保險真可轉讓的主意，則民眾將得評估自己所屬風險類型。如果你屬於AAA，可享萬能保險債券某些好處；如果你僅列於AA類型，則只能享少數幾種。

　　拿一個點子當墊腳石，最後也許會生出截然不同的想法，因我們僅從那些墊腳石中取部分原則應用。有時我們始終堅持「秧苗」點子，悉心維護使成為健康植物；有時我們可能從一模糊念頭著手，逐步使之成為切實具體意見。這都是轉移層面，重點在於我們不斷向前邁進。

　　……有人建議，有意升遷的人都必須穿著黃色襯衫或長褲。請各位戴上綠色思考帽，告訴我這點子讓你聯想到什麼。

　　……這讓我想到選擇穿黃襯衫的人的自我形象；他得符合那樣的形象才行。

　　……這讓我想到我們可以怎麼挖掘那些有企圖、但能力未到的人。比較好的做法，可能是為這些人提供訓練，強化技能。

　　……這讓我想到遊戲規則。黃襯衫會成為升遷的一項明確規則，人人都很清楚。現在有多少員工了解自己要怎

樣才能獲得升遷？

……這讓我想到不想被拔擢的員工。他們可藉著不穿黃色表明只想繼續目前職位的心跡。

……這讓我想到挑選領導人的問題。任何人決定穿黃色以前，對自己必須相當自信。

從這種連動中可產生不少有用點子，卻都不必真的用上一件黃色襯衫。

……有人提出建議說，週六來工作，週三休息。各位可以給我些綠帽思考嗎？

……大家都不想週末當班，所以有人建議我們雇一批專門負責週六／週日時段的人。這點子似乎不可行，但我們姑且給它綠帽思考一下吧。

實際上，最後一個主意經過測試，大為成功。經一番綠色思考帽的琢磨，這點子顯得頗值一試（以這個例子而言，黃帽思維或許也會導致同樣成效）。

轉移應遠遠超越正面評估，它是動態過程，不是評斷過程。

這點子有趣之處在哪兒？新鮮之處是什麼？它建議的重點是？會導向哪個方向？這類問題全都屬於轉移概念。

關鍵重點是：在綠色帽子的思考中，移動概念整個取代了評判。

第37章

綠帽思考
刺激之必要

Po 一詞的使用。

荒謬之邏輯。

隨機刺激。

看科學發現文獻，你會以為它們全很邏輯性地按部就班而行。有時情況確實如此，有時則僅是一種事後之明。預料外的錯誤意外會發生，碰撞出嶄新點子。抗生素是細菌培養皿不小心污染的結果；哥倫布敢橫渡大西洋，據說是他一開始在計算距離時出了嚴重錯誤。

自然界充滿這類激發因子。你無法預期，它不在目前思考之中；它所以存在，就是要讓思考出軌。

激發的邏輯，直接來自非對稱模式化系統（請參見我的著作，《Po：超越是非以外》（*Po: Beyond Yes and No*）。

我們可靜待刺激的發生，也可蓄意製造——如我們在

水平思考所做的。善用刺激，乃水平思考之核心。

　　前一章我們探索了移動概念，那就是我們運用刺激的意義：為了產生移動作用。現在可以看看如何製造刺激。

　　多年前我發明po這個字眼作為一象徵性的指涉名詞，表示某想法因轉移價值而被視為刺激因子。你想要的話，可把po這兩個字母視為「刺激性的操作」（provocative operation）。

　　Po有如休戰的白旗。若射殺高舉白旗來到城下的敵人，是不合規矩的；以黑帽評判去攻擊由po保護的意見，同樣如此。

　　就某個層面——如我之前提過的—— po與綠色帽子的作用相當。戴上綠色帽子盡可暢談「瘋狂」想法，幅度遠超過po；po則比較明確，有針對性。能兩者並用是最好。

　　……Po車種的輪胎應該是方的。

　　……Po飛機應以機腹朝上的方式降落。

　　……Po買家應該是商家幫他們的消費買單。

　　……Po老闆們應升遷自己。

　　……Po污染廠應同時在自己下游處設公司。

　　最後一個發想衍生出這個念頭：立法規定任何沿岸設立的工廠都需在下游檢驗水質；讓他們變成第一個檢驗自己工廠污染程度的單位。

若追究 Po 的字源，可想像是下列這類詞彙：hypothesis（假設）、suppose（推想）、possible（可能），甚至 poetry（詩）；在這些名詞中，每個點子的誕生必然都具備前進效應——好激發其他事情。

照定義來說，所謂荒誕、不合邏輯的想法不可能存在於日常經驗；換言之，它在既存模式之外。刺激便如此迫使我們脫離認知常軌，這樣的轉移可能導致三種情況：我們也許完全不能動；我們也許回到往常模式；我們也許切換到嶄新模式。

從點子獲得轉移能量有正式方法，建立刺激同樣也有正式方法；這些技法便構成了水平思考。

舉例來說，一種建立刺激的簡單方式即「逆轉」：你先找出某事發生的順序，再逆向往前推到起點。

……消費者通常得花錢買東西。咱們來逆轉一下。Po，店家付費給顧客。

……這可引發交易點數的想法：消費者每一筆購買，都能賺到一小筆金額。

……這激起另一個點子：每進帳一千元就抽一次大獎。

刺激，不必然荒誕或不合理，嚴肅想法也可視為一種。當某人提出你不喜歡的意見，平常你可能馬上戴起黑帽駁斥，現在可以改戴綠帽，把那個意見當作刺激。我們

隨時可以做這樣的選擇。

……我不認為你說的商店「榮譽制」行得通，那太容易被人們濫用了。不過我會戴上綠帽把這提議當刺激來看：人們自己算帳也可能多算，加加減減也許最後會打平。

尋找刺激點有一種非常容易的方法：隨機單字。你可以拿一本字典，隨便想個頁數翻開，然後再根據想到的第二個數字從這頁找出那個單字。舉例來說，你想到第九十二頁的第八個字。名詞，比動詞或其他詞性好用；準備一張日常名詞，又比字典好用。

假設我們要想些有關香菸的新點子。如此隨意找出的名詞是青蛙。

……好，現在是香菸 po 青蛙。青蛙會跳嘛，所以我們可以設計一種很快熄滅的菸，這也許可避免引起火災，也讓癮君子可以抽個短菸，回頭想抽時再拿起同一根菸繼續。這個新品牌名稱乾脆叫「小不點兒」，整個設計確實短小，每次頂多維持兩、三分鐘。

……我想要一些有關電視的點子。隨機名詞是起司：電視 po 起司。起司上面有洞，Po 電視有洞洞，這意謂什麼呢？也許螢幕上可以有好幾個「視窗」，讓你同時觀賞想看的其他頻道。

依照邏輯，說出某件事情之前應該先有個道理。而為

了刺激效果，那個道理可能要等話講出來以後才會找到。刺激帶來效果，這效果的價值值得一番雞飛狗跳。

　　隨機字眼竟有助於解決問題，很多人會覺得不可思議。隨機意謂這個字沒有特殊意義，但從非對稱模式化系統的邏輯來看，不難理解隨機名詞何以有效：它提供了一個截然不同的起點。當我們從那個新起點回溯，我們有機會看到與直接思考完全不同的沿路風景。

　　之前說轉移是綠色思考的基礎概念，刺激也是。到法國你說法語；戴上綠色帽子，刺激跟轉移就等於創意的文法。

第38章

綠帽思考
替代方案

太容易滿足。

路線，選項，抉擇。

不同層面的替代方案。

在學校算算術，算出結果就是答案，你繼續算下一題。沒必要花更多時間在前一題，因為當你算對了，不會有另一個更好的答案。

很多人把這觀念帶到日後人生，任何問題一有解就停止思考，第一個出現的答案就滿足了他們。但真實人生與學校算術完全不同，答案往往不只一個，其中有些比較好；也許成本較低，品質較好，或比較容易實施。以為第一個答案最好，實在不妥。如果時間緊迫，眼前問題又一堆，妥協於第一個答案還情有可原——否則實在說不過去。如果醫生只憑第一個念頭處理你的病痛，你願意嗎？

所以我們認可第一個答案，知道自己隨時可加以更動，繼續尋找其他方案。手上有幾種選項之後，即可挑出最符合需求與資源的最佳選擇。

　　我們可能有相當不錯的做事方法，但不表示此外沒有更好途徑，於是我們努力找尋。這就是精益求精的基礎，與更正錯誤或解決問題不同。

　　到目前我談的是在已有解決方式的前提下尋找更佳途徑，但有時，我們連第一條路都還沒找到。

　　規畫旅程時，我們會準備幾種路線。心中描繪某種狀況的地圖時，我們開始尋找抵達目的地的不同路線。

　　替代方案意謂做事方法常不只一種，看事情角度亦然。

　　認可替代方案存在，並設法尋求，這是創意思維的基礎。事實上，各個水平思考技巧目的即在找出新的可能。

　　這種尋找（觀念、解釋、行動）其他可能的意願，便是綠帽思考的核心。

　　……競爭報社把售價提高了。各位請戴上綠色思考帽，寫下所有可行方案。

　　……我們收到一張紙條要求一大筆錢，否則要給商品下毒。我們先看眼前有哪些選擇，再戴上綠色思考帽想想更多辦法。

　　尋找替代方案，隱含的是一種創造性的態度，表示你

接受不同途徑的存在。要找出明顯替代方案不見得需要特殊創意，可能只需全神貫注，列出所有已知方法。這還不夠。就像我們得努力找出第一個答案以外的解法，我們也得用創意在那堆明顯選項之外找出其他。嚴格說，這額外的努力靠綠色思考即可辦到，而前面那段尋找甚至用白帽思考就行：「一一列出這種情況通常會採取的作法。」

而為了應用方便，這些尋找都放在綠色思考帽底下。

企業訓練極重視做決策，但一個決策的品質，與決策者面對多少選項有絕大關係。

……我們得決定假日營的地點。各位把綠色思考帽戴上，告訴我所有可能選擇，然後我們再從中過濾。

……這些電腦要如何配銷？有哪些替代策略？

很多人相信，邏輯性的審查就能涵蓋一切選項。在封閉體系或許如此，真實人生卻甚少為真。

……我們只面對三種可能作法：保持價格不動、降價、漲價。沒別的路可走。

沒錯，任何價格調整最後都不脫上述三種選項，但其中卻存在非常多的可能變化。我們可以只調降部分商品；我們可以改變商品，打低價位；我們可以變化促銷手段來支撐商品價格（保持原價或甚至調漲）；我們可以短期降價然後調回；我們可以價格不變但給個特別折扣；我們可以降低價格，不同選擇另外收費。等我們考慮過這些可能

（還有其他很多、很多），就真的可以分別歸於上述三種選項。

　　反之，若一開始光是列出那三種，並不能生出其他可能辦法。

　　缺乏變通的思考者易犯的錯，就是只列出了主要大項，就此打住。

　　……我真打算做的是同時漲價跟降價。我們要分別推出低價大眾產品跟高價精品線。

　　選擇方案有不同層次。我有些空檔，該做什麼呢？我可以去度假，可以上個課，可以好好兒整理植物，可以把一些工作弄好。

　　決定度假的話，就來到了下個層次。我希望什麼樣的度假方式？也許是陽光沙灘的組合，也許搭郵輪，也許想要運動型態。若決定挑陽光沙灘，就又到了下個層面：我要去哪兒？也許地中海，也許迦勒比海，也許太平洋小島。接下去得再決定怎麼去、住哪兒。

　　尋找可能方案時，我們都會守住考量層面，通常不會跳脫。

　　……我要你設計雨傘把手，你卻給我雨衣。

　　但偶爾，我們要提出質疑，往上到較高層次。

　　……你要我想卡車裝貨的方法，而我要說：咱們用火車運貨比較合理。

……你叫我建議廣告媒體，我跟你說，這錢應該花在公關上面。

有時儘管放手質疑前提，調整層次，卻也要做好在特定層面找出方案的準備。要解決的是這個題目，創意人卻解決另一個題目，這是創意令人詬病處。何時該守住前提，何時該掙脫，這個兩難必須考慮清楚。

接著要談可能是所有創意活動最困難的部分——創造性暫停（creative pause）。這東西並不存在，除非我們刻意製造。

事情進展十分順利，我們研究了所有明顯方案，也找出各種解決途徑。創意還能幹嘛呢？

我有一次花了十分鐘想盡辦法讓一個根本沒響的鬧鐘安靜。當下我完全沒停下來思考那聲音恐怕來自其他鬧鐘。

什麼時候需要創造性的停頓？就在我們這麼想的時候：「我沒理由在這時停下考慮其他辦法，但我就要。」

我們一般傾向解決問題，沒問題就一路下去，不會停下腳步，要自己沒事兒想更多。

……各位別以為我們碰到問題了，並沒有；但在車子上市前，我要各位戴上綠色帽子，就咱們給車子烤漆的作業習慣來個創造性暫停。

……大家就這一點來個創造性暫停吧：業務員做成一

筆生意就可拿佣金。

　　……考慮一下車子的方向盤，它表現很好。暫停一下，提些綠帽想法吧。

第39章
綠帽思考
人格與技巧

創意是技巧、天分、還是人格？

換面具比換表情容易。

以展現技巧為榮。

常有人問我，創意是技巧、天分或人格？正確答案是三者皆有可能，但我不那麼回答。我們如果不努力培養創意技巧，它就只會是一種天分或人格；人們太理所當然地把創意當成這兩者之一，想說既然自己沒有，創意就交給別人去吧。所以我要強調刻意培養創意思考技巧（舉例來說，透過水平思考方法）。我也要指出，有些人還是比較擅長此道，就像有些人網球或滑雪特別突出一樣——但多數人還是能達到不錯的水準。

我不贊成創意是特殊天分的想法，我把它看作思考的一般且必要因子。我們不可能都是天才，而也不是每個打

網球的都想拿溫布頓冠軍。

　　我常聽人講某某是天生的黑帽思考者，打擊別人意見或改革建議，似乎總帶給他們快樂。人們繼續問我，有沒有可能軟化這種人的性格，讓他們就算不採取人家提出的創意，至少可以學會包容。

　　我不認為能改變人格，卻相信一旦目睹創意的「邏輯」，則我們對創意的整個態度就有可能永遠改變。我確實碰過好幾個活生生的例子。最有效的方法，就是採取綠色帽子概念。

　　……當你戴著黑色思考帽時，表現非常傑出。我不是要打斷你的批判成效，但你的綠帽思考呢？來看看你這方面怎樣吧。

　　……也許你寧可當個一帽思考者，也許你並非全能，也許你只能唱一種調，也許你將只能扮演負面思考專才。那麼，以後若不是需要黑帽思考，我們不會再邀你參加討論。

　　沒人想被看扁。善於黑帽思考的，也會希望自己的綠帽思考過得去。

　　黑色帽子跟綠色帽子的分野在於：黑帽專家不認為自己需要為了創意而收斂；只要合乎邏輯，他絕對使出渾身解數往負面走（所以我說改變人格不容易）。

　　喜劇跟悲劇的面具不同，演員自己不變，戴哪個面具

就演好那個角色。他以能同時演好悲喜角色為傲，他以自己的演員技巧為榮。

同理，思考者應以自己的思考技巧為榮，意謂他要能夠戴上這六頂帽子的任一頂，隨時切換模式，進行適切思考。我在本書之初提過這點，此處再提，是為了處理負面人格。

……現階段我們是在進行綠帽思考，如果你辦不到，就先閉嘴。

……你至少可以試試綠帽思考。試都不試一下，怎麼可能建立起任何信心呢？

創意思考往往居於劣勢，因為它從不被當成思考的必要環節。而透過綠帽的正式性，它的地位陡然提升，使創意與其他思考面向獲得同等的認可與尊重。

第40章

綠帽思考
那些創意呢？

下一步會如何？

意見的修改剪裁。

概念經理（concept manager）。

　　創意最弱的環節，出在點子的「收成」期。我參加過很多創意會議，見證了許多好點子的形成，但它們卻多在最後回報階段成為遺珠之憾。

　　我們往往只重視最後出線的好辦法，不在乎落選者。其實除了那個好辦法，其他很多可能極有價值。當中也許有些新的概念方向，儘管如何走向那兒還不明確；也許有些孵化一半的想法，需要更多琢磨才可用；有些新原則也許已經出現，只是還沒被賦予正式面貌；也許「點子風味」（產出的點子型態）有了改變；也許大家認知的方案區域（大夥兒尋找解決方案之處）有了移轉；也許「點子

敏感地帶」（新概念可能扭轉乾坤地帶）有了新的定義。
這些都該受到重視。

　　創意過程應包含修改與剪裁，以符合兩大需求。第一
種是狀況需求。要努力把一個想法形塑成可用，得仰仗限
制。限制，等於一把雕刻刀。

　　……那主意很棒，但太貴了，我們能否修改得便宜點
兒？

　　……目前的建築法不允許咱們那麼做。我們能否把這
想法修改到不致觸犯法規？辦得到嗎？

　　……那對大企業而言會是個好產品，但咱們不是大企
業。有其他辦法採用這點子嗎？

　　請留意，限制在這兒的作用是修改，而非排除網。

　　第二個必須滿足的需求，來自負責落實點子的那些
人。可惜這世界並不完美。若每個人都能像發想人一樣清
楚看見點子蘊藏的美妙跟潛力，多好；事實卻往往不然。
因此我們得在創意過程修改點子，讓它更符合必須「買單
吃下」這點子的那些人的需求。

　　……目前他們只在乎省錢。有什麼辦法讓這點子顯得
省錢——現在或以後都好？

　　……要讓他們接受，點子不能太前衛，看來得跟以往
用過且有效的有些類似。咱們能做出哪些對照？

　　……上面強調，一定要能先小規模測試點子的效果。

我們能怎麼測試這點子？

……高科技當紅，電子科技能改良這點子嗎？

有時這過程似乎接近不誠實，但為買家設計商品無所謂不誠實。點子原就該設計成（公司裡的）買家想要的模樣。

我在某些著作中，曾建議公司設置概念經理一職。這個角色負責點子的激發、蒐集、看護。這人發起點子激盪會議，這人會把問題帶到有辦法解決的人面前，這人像財務經理看守財務一樣地悉心看守所有點子。

若有這麼個人，綠帽思考所得的成果就有地方落腳。沒這號人物存在，那些成果就只能由產出者自個兒珍藏。

下一步是黃帽階段。包含點子的建設性發展，也包含正面評估、挖掘利益與價值，這類議題在黃帽思考下進行討論。

然後是黑帽思考。但需要時，隨時可叫出白帽，以提供資料評估點子可行與否，即便可行又是否確實值得。

最後來到紅帽思考：我們真那麼喜愛這點子，想繼續下去嗎？以情緒感受作為最終取決依據，似乎很怪，但前提是這情緒判斷已通過了黑帽和黃帽的審核。說到底，任何點子若缺乏熱情支撐，再怎麼完美也很難成功。

第41章
綠帽思考摘要

綠色帽代表創意思考。戴著綠色帽子者將用上創意思考的概念，旁人得視其發言為創意產物。理想上，思考者跟聆聽者都該同時戴著綠色帽子。

綠色象徵豐饒、茁壯，種子萌發的價值。

尋找替代方案是綠帽思考的基礎層面。我們需要超越已知，超越顯而易見，超越符合要求。

憑創造性暫停，綠帽思考者可在任何時間點停下思索至此可有其他方案。這個暫停毋須理由。

在綠帽思考中，轉移概念取代了評斷。思考者希望從一個點子往前不斷移動以獲得新點子。

刺激在綠帽思考中扮演重要地位，我們以po一字象徵。藉由刺激，我們希望跳脫慣常的思考模式。引發刺激手法很多，隨機挑字法即其一。

水平思考包含態度、概念、技巧（如轉移、刺激、

po），旨在打破非對稱自我組織模式化系統的各種模式。

這是找出新概念、新認知的工具。

第42章
藍色帽子
控制思考

思考你的思考。

思考指導。

組織思考。

控制其他思考帽。

　　想像一個控制台，操作者是一名身穿藍色制服、戴著藍色帽子的人。

　　戴上藍帽我們就不再思考主題；此時我們思考的是，探究這個主題需要怎樣的思考。藍這顏色象徵整體控制，因天空涵蓋一切。藍也代表抽離、冷靜、掌握。

　　交響樂團指揮先指向小提琴部，繼而管樂。一切皆在他掌控之下，他戴著藍色帽子。這位指揮對樂團所做的，正是藍帽對思考所做。

　　戴著藍色思考帽，我們告訴自己——或其他人——該

戴上另五頂帽子中的哪一頂。藍色思考帽指出何時該換帽戴。若說思考是個正式程序，控制步驟的就是藍帽。

電腦遵照程式指令動作。藍帽是人類思考的程式帽。

戴上藍帽，我們能為思考排開計畫，縝密訂出每個步驟的細節。我們也能用藍帽提供每個時間點的指引。不同的芭蕾舞步仰賴編舞者安排串成；我們想整理思考步伐，就戴上藍色帽子。

這樣一個思考是架構嚴謹的概念，跟認為思考如自由討論、並無大綱的觀念差別甚遠。

……我的藍帽思考明確建議，我們此刻必須尋找替代方案。

……我們沒多少時間考慮這件事，所以一定要充分掌握每一秒。誰能給大家的思考提出一個藍帽架構的建議？

……我們到目前沒什麼斬獲。戴上藍帽，我建議我們提出一些紅帽思維來澄清誤解。對這個減少加班的提案，大家究竟有何感受？

思考的走勢常有如浮木，只是隨遇而轉。眾人心裡明白應當要達成某種目的，但那東西卻始終隱晦，從不曾明確地以整體目標或次要目標的姿態現身。眾人提出各式建議、評斷、批判、資訊、情緒，拌成一鍋思考大雜燴。大家似乎就這麼瞎忙，直到有人恰巧找出可行方法為止。這根本是由負面批判所強烈主導的隨機探討，其背後假設

是：只要背景資訊充足，一群智力可以的人經過討論，自然有辦法列出幾種方案，再從中抉擇。

另有一種假設以為，思考通過經驗與限制的砥礪，產生「進化後」、禁得起考驗的結果。進化是很直接的比喻。達爾文進化論中，最適者生存；思考中，最佳點子生存。大環境的嚴酷考驗，由負面批判的嚴酷考驗取代。

在這類看法裡面，總以為參與思考者都已握有提案，最終選擇即在其中。而那些提案也許來自個人思考，也許來自某些「專家」。

在這本書，我比較在乎的是製圖式的思考：先探勘註記整個地形，繼而觀察可行途徑，最終再決定走哪條路線。

那置身事裡的人要說，他們無時不思索著問題，並非等到正式討論才動腦筋。是呀，這類討論與其為了思考，更多只在交換之前的思考結果。說到這兒，我們已很接近典型美式思考的辯證模式。

我極盼望看到先有豐富的製圖式思考，再產出各種觀點，但事實極少如此。思考者根據經驗與偏見迅速形成觀點，再經由辯論加以琢磨。學校傳統寫論文的方法即典型代表：鼓勵學生開宗明義把結論擺在第一行，再撰文支撐該結論。思考被拿來做支撐工具，而非探索之用。同樣情形可見於政界及法庭，兩造起點皆已既定。

辯論的往返來回為思考提供能量，所以很多人會覺得在團體中思考比個別思考容易。單獨思考，更需要藍帽架構。

　　若想採用製圖式思考，就需要有架構。攻守不再能提供架構。探險家需要規畫路線，思考者也需要某種組織架構。

　　藍帽架構或可為每個步驟畫出藍圖——就有如電腦程式。大多時候，藍帽思考能控制討論型的思考，就像馬車夫控制馬兒前進腳步。

　　……這個階段我們用白帽思考。

　　……現在我們需要一些提案，需要黃帽思考。請提出具體建議。

　　……各位請先保留黑帽思考，我覺得我們提出的想法還不夠。此刻讓我們來些綠帽思考。

　　基本上那就是在傳統型的討論中，間或塞進一頂思考帽。

　　……我想聽聽每個人對此的紅帽意見。各位記得的話，戴上紅帽即可充分發表感受情緒，完全不用解釋。

　　……或許你沒察覺，但你從剛剛到現在一直在用黑帽思考——也就是負面評斷。你已經說了這行不通的理由，現在我要請你暫時切換到黃帽思考，提出正面評估。

　　……我不要你的想法或建議，我希望有幾分鐘純粹的

白帽思考。未摻雜個人解讀成分的事實跟數據。

　　……我想我們得暫停一下，來點藍帽思考。暫且擱下討論主題，我們究竟該如何組織思考？

　　附帶說明：藍帽思考不僅限於指揮其他思考帽，也可用來安排其他思考面向如：優先順序的評估、各種限制的陳述。藍帽思考也可拿來調配各種CoRT思考工具（如PMI）的運用。

第43章

藍帽思考
焦點

正確提問。

界定問題。

指定思考任務。

　　焦點乃是藍帽思考的關鍵角色。厲害與差勁思考者之別，往往落在聚焦能力。這個思考應關乎什麼？光理解思考的粗略目的是不夠的。

　　……我們要集中準備一系列可能措施，以因應對手的降價。

　　……咱們集中焦點，看每個人對這個假期有何期望。

　　……傘跟廣告。普通雨傘怎麼拿來做廣告？我要一些不落俗套的點子。

　　……如何讓滿意客人向親友推薦我們飯店？這是中心焦點。

……大焦點是讓新客層上咱們的速食店；核心焦點是讓銀髮族在非尖峰時刻上門。

焦點可大可小，大焦點中可有幾個小焦點。重點是必須確切陳述出來。藍帽就是要拿來定義焦點，任何失焦討論都應用藍帽控制。思考如何思考，絕不是浪費時間。

……戴上藍帽我要說，我們已離題太遠。確實有不少好點子，但跟我們設定的焦點都不相關。我們得回到正軌。誰還有其他藍帽意見嗎？

……請你戴上藍帽說說你的想法，你認為我們有所進展嗎？

問問題是讓思考聚焦最容易的方法。大家常說：問正確的問題，大概是思考最重要的環節。遺憾的是我們常在事後——答案已經出來——才提出正確問題。而不管怎樣，留意問題的結構與焦點，無疑是藍帽思考一關鍵層面。

CoRT 思考課程中，問題分為兩大類。一種叫釣魚式（fishing question），屬於試探型（就像拋餌出去，會釣到什麼不得而知）；一種叫射擊式（shooting question），用來檢驗，答案是非分明（就像拿槍射鳥，中或沒中，一翻兩瞪眼）。

……做什麼不是重點，什麼時候動手才是。時間分秒必爭。此時此刻我們得考慮哪些因素？

……問題在客戶是否真有理解到這保險帶來的稅賦利益，還是說這只是幫我們的業務員更好賣保險而已？

困局，其實不過是一種特殊問句：要如何達成此事？困局的定義至關重要，否則恐怕會得出不相干或麻煩複雜的解決方案。這是真正的問題所在嗎？咱們為什麼要解決這問題？背後藏著哪些問題？

……氣候寒冷不是真正的問題，問題在人們對冷天的想法。這點我們可以改變。

……問題不在我們沒有雪，而在我們沒滑雪場。所以我們用巴士把觀光客送到滑雪區。

與其主觀找出問題的最佳定義，最好準備一堆選擇。這些都屬於藍帽思考。

藍帽思考者還得擔負指定思考任務一事。進行單獨思考時，這點更加重要。

……我們來訂定這會議的目的。怎樣的結果叫做成功？

……首先請列出雙方同意的部分。

……這回的思考任務是：務必想出決定此事的方法。

……列出有關學校教育的四個「意見敏感帶」。

……戴上黑帽，思考我們目前的廣告活動。

思考任務可大可小，可要求某種成果，也可只要求在指定範圍內提供意見。

……我只要大家提出對電視購物這生意的探測性想法。

……我們要如何判斷他們的策略成功？

……為何我們無法從這些選項做出決定？

若一思考任務失敗，必須加以註記。

……我們始終無法解釋人們多吃糖的理由，我們待會兒再回到這個議題，看能不能提出一些可檢驗的假設。

……我們還沒想出刺激大眾吃羊肉的方法，也許我們該把這拆成幾個小題目來思考。

藍帽思考者端著標的物說：「就是它。朝這方向射擊吧。」

第44章

藍帽思考
程式設計

步步為營。

思考軟體。

編舞家。

軟體告訴電腦如何執行每個步驟，電腦不能沒有軟體。藍帽思考的一個功能，就是為思考設計軟體。一體適用各種狀況的設計，確實可能存在；我在 CoRT 一堂課就講到一樣這種東西，叫 PISCO（目的、輸入、解決之道、選擇、執行）。而在本章，我要談的則是為個別狀況量身設計的客製軟體。

……我們先用藍帽思考來設計我們想遵循的程式。

……這個狀況非比尋常。我們該從哪兒著手？該思考什麼東西？

我在前一章結尾說過，六頂思考帽多半會在一般討論

／辯論型思考時交替插入，不時有人要求戴上象徵特定思考的帽子。在這兒呢，我想嘗試寫正式程式的可能性，列出步驟順序。

有一種自由舞蹈，舞者扣著主題即席演出。另一方面，古典芭蕾則每個腳步都由編舞家清楚決定。我這兒要講的，就是藍帽思考的編舞家層面。但請各位注意：這並非藍帽唯一的運用方式。

我也要強調——如之前說過——藍帽程式可涵蓋更廣的思考面向，不僅只六頂帽子。

……我們應先分析設計這款童裝得考慮的所有因素。

……我們應該先從這場爭論中，整理出意見相同部分（Agreement）、意見相左部分（Disagreement）、不相干部分（Irrelevance）。

上述最後一點，名為A.D.I.，也是CoRT工具之一。

按不同情況，程式也有差異。解決某問題的程式，不同於設計船隻的程式；談判程式不可能同於決策程式。即便同在決策範圍，兩個不同決策的程式恐怕也不一樣。藍帽思考者針對狀況改寫程式，就像木匠思考如何打造一把椅子或櫥櫃。

如果思考者對這主題感覺強烈，最好就把紅帽意見排在第一位，好讓感受浮出表面。不這麼做，所有人都可能透過其他手法間接流露情緒，尤其是透過極端的黑帽意

見。當情緒明白呈現，思考者不再受此包袱羈絆，甚且會自覺要開始保持客觀。

下個步驟可能是白帽意見，好讓所有相關資訊攤在桌上。此外，整個思考過程也得不時用上白帽——有點例行意味——以驗證不同觀點。

接著由黃帽端出現有提案及建議。此時可交互運用藍帽與黃帽，因藍帽思考可負責提問並點出有毛病之處。白帽也可貢獻以往解決類似問題的「經典」手法。

……我們過去在這種情形下的作法如下。

……各位都曉得傳統處理方法，儘管如此，還是容我再次說明。

藍帽思考可先界定出焦點核心，隨即由綠帽思考匯集新概念，或者，也可以有一段正式的綠帽思考時間，讓每個人停下來丟出創意。

……我想看能否找出比較簡單的方法，將保險費納入個人現金流的計算裡面。

……一定有更好的辦法賣書。我想請大家進行綠帽思考。

至此，藍帽思考負責將各方提議彙整，分類或許如下：需要個別評估者、需要放大探討者、單純加以註記者。

然後白帽、黃帽、綠帽共同登場，進一步發展各個提

案。這是建設性思考階段。

呼聲特別高的幾個選項浮出，這時僅用黃帽思考分別予以正面評估。

接著讓黑帽負責過濾。黑帽思考旨在點出哪些選項不可行；至於可行方案，也可透過黑帽意見討論其價值。

黃帽與綠帽意見這時上來克服黑帽剛剛留下的任務：修正錯誤；改善不足；解決問題。

黑帽再度上場拿起放大鏡，指出有哪些風險與缺失。

下一個時段可交由藍帽說明截至目前的成果，並條列「路線選擇」策略。

紅帽繼而讓大家表達對這些選擇的感受。

黃帽及黑帽混合主導下一步 —— 尋找最符所需的選項。

最後藍帽時段，針對如何執行，訂定思考策略。

整個過程似乎相當複雜，但實際上每一步之間的連結極為流暢——就像開車換檔。

當我們準備照一套固定程式走，所有與會思考者都必須清楚步驟流程。原本急著插話表達黑帽意見的一人，將因為了解黑帽時段即將登場而耐性等待。

我們應記住：絕大多數的思考都是黑帽白帽的混合體——背後還藏著紅帽的情緒。

……這是我們面對這類狀況應該採取的行動。

……這是你的提議行不通的原因。

藍帽程式可由思考會議的帶頭者事先擬定，也可由全體透過藍帽思考共同設計。

第45章

藍帽思考
歸納與總結

觀察與概述。

評論。

歸納，結論，收成，報告。

　　藍帽思考者注視正在發生的思考。他是設計整個舞步的編舞家，卻也是觀看演出的評論家。藍帽思考者並非開車上路的駕駛者，他注視駕駛者，同時記錄著路面情形。

　　藍帽思考者對其觀察可加以評論。

　　……我們花太多時間在這個事情了。我們不妨註明眾人對此意見不同。

　　……我們似乎都極關心這個營運造成的成本，卻還沒討論究竟能否帶來任何利益；那當然應列為首要考量。

　　……大衛，你一直重複強調這個意見。我們已將它列為高可行項目，稍後會進一步研究，而目前我們應看看有

哪些其他方案。這會議目的在探測，不是爭辯。

藍帽思考者不時對正在發生的狀況與達到的成果做整體描述。他或她，是那個站在白板旁整理選項的人。

……我們來歸納一下目前為止的收穫。

……我來報告一下我們討論出來的幾個重點。待會兒如果有人不同意我做的整理，請告訴我。

把看似一團混亂的討論理出模樣，這是藍帽思考者的任務。

儘管我以單一人稱描述藍帽思考者，這些個藍帽任務絕對可由與會全體共同擔負。一個藍帽思考者當然可以要求在場所有人把藍帽戴上，扮演藍帽角色。

……我建議這兒暫停一下，請大家都戴上藍帽；接下來幾分鐘，每人輪流歸納自己認為討論到目前有何成果。

……大家輪流發表意見吧。請把藍帽戴起來，說說各位覺得我們該怎麼做。

藍帽思考者不時得做個歸納，最後也得負責總結。

……戴上藍帽，我認為今天結論如下。

……大家是否同意，上述確實是今天達成的結論？

藍帽思考者要負責最後結論並準備報告。這並非意謂所有責任落在某一人身上（儘管不無可能）；真正的意義在於：每個思考者要能切換到藍帽角色，正確而客觀地評論現場進行的思考。

藍帽角色功能之一：如攝影師般，觀察記錄已發生與
進行中的思考。

第46章

藍帽思考
控制與監視

主席。

原則與焦點。

誰負責？

　　一般而言，所有會議主席都自然負有藍帽功能：維持
秩序，確保流程如期進行。

　　也可指定主席之外一人扮演特定藍帽角色，負責監督
思考確實在主席訂定範圍內進行。當主席本身不善於監督
思考時，即可如此變通。

　　我也要強調：與會任一人，都可行使藍帽功能。

　　……我要戴起藍帽說，布朗太太的發言在此刻並不適
當。

　　……我要把我的藍帽戴上指出，我想我們已經扯遠
了。

⋯⋯我的藍帽思考告訴我，我們應該把這定義為關鍵問題，然後設法處理——也許現在，也許稍後。

藍帽思考要確保大家遵守遊戲規則。這角色可由主席或指定藍帽思考者扮演，但所有人也都可以發言評論。

⋯⋯現在是紅帽思考時間，我們想聽你的感覺，不是你為什麼有此感受。

⋯⋯抱歉，那顯然屬於黑帽思考，此刻不宜。

⋯⋯那不是綠帽思考對待意見的作法。你不該評斷，而該使用轉移概念。

⋯⋯那真的是白帽資訊嗎？比較像是紅帽情緒呢。

⋯⋯藍帽角色應該歸納各個意見，不該捍衛其中任何一方。

實際運用時，各頂帽子難免互相重疊，毋須斤斤計較。像黃帽跟綠帽思考就可能頗多相疊；白帽紅帽亦然，因為事實跟意見時常相混。

每講一句就換頂帽子，也不切實際。

重點是：當特定思考模式規範出來，大家就應盡力那樣思考。現在是黃帽思考時段，就必須以黃帽模式思考。

若某段時間並未挑明該戴什麼思考帽，沒必要假設每句發言都得註明屬於哪頂帽子。而要是有人插進來對流程進行表示意見，卻沒有正式聲明他戴著藍帽，那也絕對沒有問題。

話說回來，時不時地正式標明帽子顏色極其重要，不能僅靠言論內容自動判斷其所屬思考帽。盡力遵守思考模式，這是最高指導原則；不然大家又陷入瞎扯、爭論的模式裡。

藍帽控制功能的主要任務之一是：打破爭辯。

……我認為土雞肉銷量提高是因為健康意識抬頭。

……我認為純粹是價格降低所致。

此際，藍帽思考者可詢問是否有任何有助釐清這點的白帽資訊。

……既然無法擺平，我們可註明對此現象有兩種解釋，不必裁定何者正確。

於是兩種觀點都放在思考地圖上。就此例而言，兩者皆可能為真，其他狀況兩種看法也許相互抵觸。無論如何，都應加以記錄，稍後可再做討論。

……現在我們可回頭討論之前無法決定的那個問題。這會被視為掠奪式定價（predatory pricing）嗎？我們就直接把焦點擺在這兒。

……瓊斯先生認為，假日價格保證可大幅提高業績；亞當女士認為不會，而且成本太高。我們花點時間研究這問題。白帽思考能提供任何資訊嗎？如果我們過去做過這類保證，代價如何？

處理相反意見的一個有力辦法：假設每個意見在某種

情況下都是對的。

　　……什麼情況下，瓊斯先生的看法是對的？什麼情況之下亞當女士會是對的？

　　雙方都站得住腳了。接著就看哪種情況最合乎目前實際情形。

　　同理，我們可用另一方法來評估意見：最適合的家。什麼是這點子最適合的家？

　　……這產品很適合享有市場優勢的大公司，那個產品則頗適合想做市場區隔的小公司。好啦，咱們屬於哪一種？

　　某些時候，藍帽思考者必須直截了當。

　　……我們似乎陷入爭辯了。我們先把兩種意見記下，稍後再回頭討論。

　　……我們現在不是辯論模式，是製圖模式。你有不同看法就先寫下來，別老想證明你的才對。

　　……兩位的意見都說清楚了，繼續下去就成了辯論，那可不是我們今天的目的。

　　……你們可以不要吵了嗎？

　　……我要二位用黃帽思考對方的意見，這該有助停止爭辯。

　　有了藍帽的正式性，思考者就大可不必像以前一樣拐彎抹角了。

第47章
藍帽思考摘要

　　藍色帽子是管控的帽子。藍帽思考者組織思考本身。藍帽思考，思考該以何種思考探索主題。

　　藍帽思考者有如交響樂團指揮，負責點選其他帽子的上場。

　　藍帽思考定義思考主題，制訂焦點。藍帽思考界定問題，擬定問句。藍帽思考指定整個思考任務。

　　藍帽思考負責歸納、概述、總結。這些可在思考進行間或走到尾聲時發生。

　　藍帽思考監督整個思考，確保大家遵照遊戲規則。藍帽思考阻止爭辯，捍衛製圖式思考模式。藍帽思考堅守原則。

　　藍帽思考可不時拿出戴上，指揮其他思考帽登場。藍帽思考也可用來制訂思考程序的每個步驟，好比編舞家之設計舞步。

即便已指派某人擔當特定的藍帽角色，其他人仍有權
發表藍帽評論及建議。

結論

　　思考的頭號天敵是複雜，因複雜造成困惑。在清楚簡單的情況下，思考顯得輕鬆愉快有效率。六頂思考帽的概念不僅容易理解，且極易使用。

　　六頂思考帽這概念有兩個主要目的。第一，簡化思考：讓思考者可以一次處理一件事。以往你同時被情緒、邏輯、資訊、期待、創意包圍，如今可以個別應付。以往你拿邏輯支持曖昧不清的情緒，如今可藉紅色思考帽讓情緒直接浮上檯面，毋須辯解。黑色思考帽則可處理邏輯層面。

　　第二個主要目的：允許思考切換。看到某人開會時一直相當負面，我們可開口要求他脫掉「黑色思考帽」，那人便可意識到自己不斷發表負面觀點。我們也可要這人戴上「黃色思考帽」，直接請他保持正面。如此，六頂思考帽提供了一種明確溫和的語彙；最重要的，那可維護個人的人格或自尊。帽子概念將思考化為角色扮演甚至遊戲，要別人進行特定思考不再那麼困難。帽子成為某種簡單指示。

我不是說我們在思考的每一刻都得戴上某頂帽子，沒那必要。偶爾我們希望依明文順序使用這些帽子，這種情況下，就應當事先公布此步驟。大多時候，我們會想在討論中以某種形式戴上任一頂帽子，也可如此要求別人。一開始或許會顯得有些奇怪，假以時日，大家就能理所當然地開口要求。

　　很明顯，在公司每個人都清楚遊戲規則之下，這概念的效果最大。舉例而言，習慣以開會討論事情者，都該了解各個思考帽的意義。一旦成為日常用語，思考帽將可發揮莫大效益。

摘要

六頂帽子思考法

六頂思考帽目的在為思考解碼，讓人能一次只用一種思考模式──而非同時得應付一切。最佳比喻即印刷上色：某個顏色乃單獨印製，最後可見融合效果。

設計六頂帽子思考法是希望把思考從一般爭論方式導向製圖型態，這使得思考成為兩個階段。第一階段：繪製地圖；第二階段：從圖中選出路徑。圖做得夠好，最佳途徑就顯而易見。如同印刷上色的隱喻，每頂帽子各將一種思考模式帶進了地圖。

我沒說這六頂帽子涵蓋了一切思考層面，但的確照顧到主要模式。我也沒說在每個思考環節我們都該戴著其中一頂。

這些帽子最大價值，正在於它們的刻意性。如此，我們得以方便而鄭重地要自己或他人以某種方式思考。參與者都應了解遊戲規則。

運用程度愈廣，這些帽子愈能夠融入思考文化。公司每個人都該學習其基本概念，讓這成為公司基因，大家愈能對焦思考，發揮的效益更加龐大。以往曠日廢時地辯論或閒扯，如今代之以精簡自律的高品質會議。

　　一開始大家可能不大習慣，等這套儀式帶來的便利逐日顯現，就漸漸得心應手。首度使用，會是某個當下某人要求戴上某頂帽子，或脫下黑帽改戴別頂。

　　如我在本書前面所說，思考帽一大價值在它提供了思考角色。思考者悠遊扮演各個角色之間取得了成就感。缺少這股鄭重其事，某些人永遠只會堅持一種模式（通常會是黑帽模式）。

　　再次強調：這套系統使用非常簡便。讀者毋須強記我在整本書寫的所有差異，那些只是演繹闡釋。每頂帽子的本質很容易記。

　　白帽　處女白，純粹事實，數據與資訊。

　　紅帽　發火，情緒及感受，也是預感跟直覺。

　　黑帽　魔鬼代言人，負面評價，何以行不通。

　　黃帽　陽光，明亮及樂觀，正面，建設性，機會。

　　綠帽　豐饒，創意，種子發芽而出，轉移，刺激。

　　藍帽　冷靜的、控制的，交響樂團指揮，思考如何思考。

　　公司愈多人懂這概念，這東西就愈好用。我們其實就

是欠缺一個簡單語彙，作為思考的控制系統。

假如我們自認夠聰明，不需靠這樣一個系統幫忙，那可以從這個角度看：這系統能讓我們引以為傲的智慧發揮得更淋漓盡致。一名天生跑步好手，得自訓練的好處勝過他人。

……此刻我想提出個黃帽想法。你也試試。

利用幾頁篇幅，我把六頂思考帽的摘要移錄於此，供各位方便參考。

白帽思考摘要

想像一台電腦，根據指令提供數字與真相，中立客觀，不加任何評論看法。戴上白色思考帽時，思考者就該模擬電腦。

要求提供資訊的人，問題要有焦點，才能獲得有用或欠缺的資訊。

現實裡資訊系統有兩個層面。第一層包含確認過、同意過的真相——第一級真相。第二層，包含我們相信為真、卻未經過充分驗證的真相——第二級真相。

「可能性」光譜從永遠真確這端到絕非屬實那頭，中間包含各種有用層次，如「大體上」、「有時」、「偶爾」。白帽思考時是可以提出這類資訊的——只要有適當的「描

繪」表明其發生機率。

　　白帽思考是一種原則，一個方向。思考者提出資訊時，致力朝向中立客觀。

　　有時是別人請你戴上白帽思考，有時你可以請別人這麼做。你也可選擇自行戴上——或是脫掉。

　　白色（無色）代表中立。

紅帽思考摘要

　　戴上紅帽，思考者可大方說出：「這是我對此事的感受。」

　　紅帽承認情緒情感在思考上的重要地位。

　　紅帽讓情感具象化，成為思考「地圖」一環，同時也在其後決定路徑的價值系統扮演一角。

　　紅帽予思考者自在切換「情感」模式的彈性。有此機制才有此可能。

　　紅帽使任一思考者得以探詢他人感受，只要開口請對方說出「你的紅帽觀點」即可。

　　思考者運用紅帽時，切勿企圖解釋其情緒、或附帶任何邏輯基礎。

　　紅帽涵蓋兩種廣泛的情感類型。第一類，即我們所知的一般情緒，從恐懼、厭惡等強烈情緒，到比較溫和的像

是懷疑。第二類，我們把預感、直覺、意識、品味、美感等複雜判斷納入這類「情感」，此外也包括一些不那麼確切的感受。當某個看法帶有大量這類感覺時，也符合紅帽資格。

黑帽思考摘要

黑帽思維明確關乎負面檢驗。它指出哪兒有誤，不正確，出問題。黑帽思考者點出某事之如何有違經驗常識；指出某事何以不可行；指出潛藏之風險代價；指出某規畫存有何種瑕疵。

黑帽思考並非爭辯，我們絕對不該如是看待。它是將負面因素擺在地圖上的客觀意念。

黑帽思維可點出思考過程的謬誤，也可指陳思考方法本身。

黑帽思考可將提案與過去做比較，以已知作為檢驗條件之一。

黑帽思考可將提案投射於未來，設想可能出錯之處。

黑帽思維可提出負面問題。

黑帽思維不應作為負面沉溺之面具，也不應拿來遮掩本應放在紅帽之下的負面情緒。

正面評估留待黃帽負責。面對新點子，黃帽應永遠先

於黑帽登場。

黃帽思考摘要

黃帽思考正面而積極。黃色象徵陽光、明亮、樂觀。

黃帽思考關乎正面評估，一如黑帽思考關乎負面評估。

黃帽思考涵蓋的正面光譜，一端是邏輯與實際，另一端乃夢想、願景、希望。

黃帽思考深入探索潛在的價值、利益，找到後再努力尋找邏輯論述。黃帽思考設法拋出有合理基礎的樂觀，卻不受此限──它也盡可提供任何形式的樂觀。

黃帽思考富建設性及生產力。黃帽思考帶來紮實的提案與建議。黃帽思考關乎行動技巧，具體實踐。對充滿建設性思考的黃帽來說，成效是主要目標。

黃帽思考可以從投機角度出發，尋求任何機會點。黃帽思考同時也允許願景和夢想。

黃帽思考不包括純粹的正面陶醉（紅帽），跟創造新點子（綠帽）也不直接相關。

綠帽思考摘要

綠帽代表創意思考。戴著綠色帽子者將用上創意思考

的概念，旁人得視其發言為創意產物。理想上，思考者跟聆聽者都該同時戴著綠色帽子。

綠色象徵豐饒、茁壯，種子的價值。

尋找替代方案是綠帽思考一基礎層面。我們需要超越已知，超越顯而易見，超越符合要求。

憑創造性暫停，綠帽思考者可在任何時間點停下思索至此可有其他方案。這暫停毋須理由。

在綠帽思考，轉移概念取代了評斷。思考者希望從一點子往前不斷移動以獲得新點子。

刺激在綠帽思考中扮演重要地位，我們以 po 一字象徵。藉由刺激，我們希望跳脫慣常的思考模式。引發刺激手法很多，隨機挑字法即其一。

水平思考包含態度、概念、技巧（如轉移、刺激、po），旨在打破非對稱自我組織模式化系統的各種模式。這是找出新概念、新認知的工具。

藍帽思考摘要

藍色帽子是「管控」的帽子。藍帽思考者組織思考本身。藍帽思考：「思考該以何種思考來探索主題」。

藍帽思考者有如交響樂團指揮，負責點選其他帽子的上場。

藍帽思考定義思考主題，制訂焦點。藍帽思考界定問題，擬定問句。藍帽思考指定整個思考任務。

　　藍帽思考負責歸納、概述、總結。這些可在思考過程間或結尾時發生。

　　藍帽思考監督整個思考，確保大家遵照遊戲規則。藍帽思考阻止爭辯，捍衛「製圖式」的思考模式。藍帽思考堅守原則。

　　藍帽思考可不時拿出來指揮其他思考帽登場。藍帽思考也可用來制訂思考程序的每個步驟，好比編舞家之設計舞步。

　　即便指派了某人擔當特定的藍帽角色，其他人仍有權發表藍帽評論及建議。

英中名詞對照（Six Thinking Hats）

active information system   主動資訊系統

A.D.I.（areas of agreement, areas of disagreement, areas of irrelevance）

asymmetric patterning system   非對稱模式化系統

backward effect   回溯效應

believed facts   認定的事實

belief   信念

checked facts   確認的事實

concept manager   概念經理

Conflicts: A Better Way to Resolve Them   《衝突：更好的解決之道》

consensus meeting   共識會議

CoRT（Cognitive Research Trust）   認知研究基金思考教育課程

creative pause   創造性暫停

devil's advocate   黑臉，或譯魔鬼代言人

Dr. Luis Alberto Machado   馬恰多博士

Escoffier   埃斯科菲耶，法國名廚

fishing question	釣魚式提問
forward effect	往前效應
information behavior	資訊行為
Inuit	因紐特人，屬愛斯基摩一支
Lateral thinking	水平思考
Lateral Thinking for Management	《創意有方：水平思考談管理》天下出版社出版
movement	轉移
New York Magazine	《紐約雜誌》
operacy	狄波諾所創名詞，一種慎思的行動技巧
Oxford English Dictionary	牛津英語辭典
pattern switching	模式切換
Paul MacCready	保羅‧麥可雷迪
Pavlov	巴夫洛夫
Peter Ueberroth	彼得‧尤伯羅斯

PISCO	目的、輸入、解決之道、選擇、執行意見相同部分，相左部分，不相干部分。也是 CoRT 工具之一
PMI（Plus, Minus, Interesting）	CoRT 思考課程之一，思考時分別記下正面、負面、不屬前兩者但值得寫下之處
Po: Beyond Yes and No	《Po：超越是非以外》
Po: provocative operation	刺激性的操作
Practical Thinking	《本能‧學習‧理解：黑圓筒的秘密》業強出版社出版
predatory pricing	掠奪式定價
Tactics: The Art and Science of Success	《戰略：成功的藝術與科學》
The Mechanism of Mind	《思考探奇：心智的歷程》
self-organizing information system	自我組織資訊系統
shooting questions	射擊式提問
self-organizing active system	自我組織主動系統
Young Presidents' Organisation	青年總裁協會

國家圖書館出版品預行編目資料

六頂思考帽：增進思考成效的6種魔法／Edward de
Bono著；劉慧玉譯. -- 一版. -- 臺北市：臉譜，
城邦文化出版；家庭傳媒城邦分公司發行, 2010.06
面； 公分. --（企畫叢書：FP2208）
譯自：Six Thinking Hats
ISBN 978-986-235-118-5（平裝）
1. 思考
176.4   99008654

企畫叢書 FP2208

六頂思考帽
增進思考成效的6種魔法

作　　　者　Edward de Bono
譯　　　者　劉慧玉
編 輯 總 監　劉麗真
主　　　編　陳逸瑛
編　　　輯　林詠心

發　行　人　涂玉雲
出　　　版　臉譜出版
　　　　　　城邦文化事業股份有限公司
　　　　　　台北市中山區民生東路二段141號5樓
　　　　　　電話：886-2-25007696　傳真：886-2-25001952
發　　　行　英屬蓋曼群島商家庭傳媒股份有限公司城邦分公司
　　　　　　台北市中山區民生東路二段141號11樓
　　　　　　客服服務專線：886-2-25007718；25007719
　　　　　　24小時傳真專線：886-2-25001990；25001991
　　　　　　服務時間：週一至週五上午09:30-12:00；下午13:30-17:00
　　　　　　劃撥帳號：19863813　戶名：書虫股份有限公司
　　　　　　讀者服務信箱：service@readingclub.com.tw
香港發行所　城邦（香港）出版集團有限公司
　　　　　　香港灣仔駱克道193號東超商業中心1樓
　　　　　　電話：852-25086231或25086217　傳真：852-25789337
　　　　　　E-mail：citehk@hknet.com
馬新發行所　城邦（馬新）出版集團【Cite (M) Sdn. Bhd. (458372U)】
　　　　　　11, Jalan 30D/146, Desa Tasik, Sungai Besi, 57000 Kuala Lumpur, Malaysia
　　　　　　電話：603-90563833　傳真：603-90562833
初 版 一 刷　2010年6月22日

城邦讀書花園
www.cite.com.tw

ISBN 978-986-235-118-5
版權所有‧翻印必究（Printed in Taiwan）

售價：260元
（本書如有缺頁、破損、倒裝，請寄回更換）